名师名校名校长

凝聚名师共识
固化名师关怀
打造名师品牌
培育名师群体

程明远题

名师名校名校长书系

初中语文
审辩式阅读教学案例汇编

戴 月 ◎主编

东北师范大学出版社

长 春

图书在版编目（CIP）数据

初中语文审辩式阅读教学案例汇编 / 戴月主编. —
长春：东北师范大学出版社，2019.5
ISBN 978-7-5681-5849-7

Ⅰ. ①初… Ⅱ. ①戴… Ⅲ. ①阅读课—教案（教育）—
初中 Ⅳ. ①G633.332

中国版本图书馆CIP数据核字（2019）第097589号

□策划创意：刘　鹏
□责任编辑：吴建宇　沈　佳　□封面设计：姜　龙
□责任校对：刘彦妮　张小娅　□责任印制：张允豪

东北师范大学出版社出版发行
长春净月经济开发区金宝街 118 号（邮政编码：130117）
电话：0431-84568115
网址：http://www.nenup.com
北京言之凿文化发展有限公司设计部制版
廊坊市金朗印刷有限公司印装
廊坊市广阳区廊万路 18 号（邮编：065000）
2022年6月第1版　2022年6月第1次印刷
幅面尺寸：170mm×240mm　印张：10.25　字数：153千

定价：45.00元

上 篇
导学案与教学设计

散 文 ·· 2

  史铁生《秋天的怀念》导学案 ············· 2

  史铁生《秋天的怀念》教学设计 ············· 5

  杨绛《老王》导学案 ····················· 7

  杨绛《老王》教学设计 ····················· 11

诗 歌 ·· 19

  杜甫《茅屋为秋风所破歌》导学案 ············· 19

  杜甫《茅屋为秋风所破歌》教学设计 ············· 22

  艾青《我爱这土地》导学案 ··················· 26

  艾青《我爱这土地》教学设计 ··················· 29

说明文 ·· 32

  竺可桢《大自然的语言》导学案 ············· 32

  竺可桢《大自然的语言》教学设计 ············· 35

文言文 ·· 39

  刘义庆《陈太丘与友期》导学案 ············· 39

  刘义庆《陈太丘与友期》教学设计 ············· 42

  陶渊明《桃花源记》（第一课时）导学案 ············· 45

  陶渊明《桃花源记》（第一课时）教学设计 ············· 48

  陶渊明《桃花源记》（第二课时）导学案 ············· 51

  陶渊明《桃花源记》（第二课时）教学设计 ············· 54

欧阳修《醉翁亭记》（第一课时）导学案 ·············· 58

欧阳修《醉翁亭记》（第一课时）教学设计 ·············· 61

欧阳修《醉翁亭记》（第二课时）导学案 ·············· 65

欧阳修《醉翁亭记》（第二课时）教学设计 ·············· 68

议论文 ························· 72

梁启超《最苦与最乐》导学案 ·············· 72

梁启超《最苦与最乐》教学设计（1） ·············· 76

梁启超《最苦与最乐》教学设计（2） ·············· 80

小说寓言 ························· 83

莫泊桑《我的叔叔于勒》导学案 ·············· 83

莫泊桑《我的叔叔于勒》教学设计 ·············· 87

伊索《赫耳墨斯和雕像者》导学案 ·············· 91

伊索《赫耳墨斯和雕像者》教学设计 ·············· 94

下 篇
案例分析及授课反思

杨绛《老王》教学案例 ·············· 100

艾青《我爱这土地》教学案例 ·············· 110

伊索《赫耳墨斯和雕像者》案例分析 ·············· 115

魏学洢《核舟记》教学实录 ·············· 124

庄子《庄子与惠子游于濠梁之上》教学实录 ·············· 135

庄子《庄子与惠子游于濠梁之上》教学反思 ·············· 146

梁启超《最苦与最乐》教学反思 ·············· 149

《秋天的怀念》教学反思 ·············· 152

导学案与教学设计　上篇

史铁生《秋天的怀念》导学案

深圳市坪山区教育科学研究管理中心　戴 月

教学目标

（1）朗读课文，体会作者的思想感情。

（2）揣摩文章细节之处，体会写法。

（3）感受人情之美，丰富精神世界。

教学重难点

朗读课文，体会作者的思想感情；感受人情之美，丰富精神世界；揣摩文章细节之处，体会写法。

课时安排

1课时。

教学过程

导入：我说史铁生。

（一）自我领悟·知忆秋

初读忆秋之言：

完成预习及检测。

（1）预习要求：边读课文边圈点勾画出描写"我"的语句，描写"母亲"的语句。

（2）预习检测：给加粗字注音，并造句。

翻来覆去：＿＿＿＿＿＿＿＿＿＿＿＿＿＿＿＿＿＿＿＿＿＿

絮叨：＿＿＿＿＿＿＿＿＿＿＿＿＿＿＿＿＿＿＿＿＿＿＿＿＿

诀别：＿＿＿＿＿＿＿＿＿＿＿＿＿＿＿＿＿＿＿＿＿＿＿＿＿

二读忆秋之人：

（1）默读、朗读课文中描写"我"的句子。

（2）形成自己对文中"我"的评价。

＿＿＿＿＿＿＿＿＿＿＿＿＿＿＿＿＿＿＿＿＿＿＿＿＿＿＿＿＿＿

＿＿＿＿＿＿＿＿＿＿＿＿＿＿＿＿＿＿＿＿＿＿＿＿＿＿＿＿＿＿

三读秋忆之人：

（1）默读、朗读课文中描写"母亲"的句子。

（2）细细品味作者对文中"母亲"的情感。

＿＿＿＿＿＿＿＿＿＿＿＿＿＿＿＿＿＿＿＿＿＿＿＿＿＿＿＿＿＿

＿＿＿＿＿＿＿＿＿＿＿＿＿＿＿＿＿＿＿＿＿＿＿＿＿＿＿＿＿＿

（二）深度质疑·悟忆秋

四读悟忆秋之意：

（1）通过研读课文，理解文中主旨句"好好活"的含义。

＿＿＿＿＿＿＿＿＿＿＿＿＿＿＿＿＿＿＿＿＿＿＿＿＿＿＿＿＿＿

＿＿＿＿＿＿＿＿＿＿＿＿＿＿＿＿＿＿＿＿＿＿＿＿＿＿＿＿＿＿

（2）就文章提出疑问。

_____

_____

（3）能用自己的语言表达出来。

（4）如果没有母亲一直的默默付出，作者是否一样可以认识到人生必须"好好活"？

_____

_____

（三）共研评价·会忆秋

（1）通过小组分享和全班分享，进行同学间、师生间的交流。

（2）交流过程中，注意听取别人的不同意见，并对此形成评价。

_____

_____

（四）修正诠释·拓忆秋

完善对"如果没有母亲一直的默默付出，作者是否一样可以认识到人生必须'好好活'"这个问题的理解，建议将理解内容写下来。

_____

_____

布置作业

（1）推荐阅读。

（2）完成课后练习。

史铁生《秋天的怀念》教学设计

深圳市坪山区教育科学研究管理中心　戴 月

教学目标

（1）朗读课文，体会作者的思想感情。

（2）揣摩文章细节之处，体会其写法。

（3）感受人情之美，丰富精神世界。

教学重难点

朗读课文，体会作者的思想感情；揣摩文章细节之处，体会其写法；感受人情之美，丰富精神世界。

课时安排

1课时。

教学过程

导入：我说史铁生。

（一）自我领悟·知忆秋

初读忆秋之言：

完成预习及检测。

二读忆秋之人：

（1）默读、朗读课文中描写"我"的句子。

（2）形成自己对文中"我"的评价。

三读秋忆之人：

（1）默读、朗读课文中描写"母亲"的句子。

（2）细细品味作者对文中"母亲"的情感。

（二）深度质疑·悟忆秋

四读悟忆秋之意：

（1）通过研读课文，理解文中主旨句"好好活"的含义。

（2）就文章提出疑问。

（3）能用自己的语言表达出来。

（4）如果没有母亲一直的默默付出，作者是否一样可以认识到人生必须"好好活"？

（三）共研评价·会忆秋

（1）通过小组分享和全班分享，进行同学间、师生间的交流。

（2）交流过程中，注意听取别人的不同意见，并对此形成评价。

（四）修正诠释·拓忆秋

完善对"如果没有母亲一直的默默付出，作者是否一样可以认识到人生必须'好好活'"这个问题的理解，建议将理解内容写下来。

布置作业

（1）推荐阅读。

（2）完成课后练习。

杨绛《老王》导学案

深圳市坪山区同心外国语学校　潘文明

教学目标

1. 基础性目标

（1）能通过查阅资料了解本课的基本文学常识。

（2）能正确读对字音并用自己喜欢的方式进行有感情地朗读课文。

（3）能通过用"这是一个＿＿＿＿＿＿的杨绛对＿＿＿＿＿＿的老王的＿＿＿＿＿＿（情感）"来谈谈初读体会。

2. 拓展性目标

（1）读课文，总结老王是一个什么样的人。请同学们用"最让我感动的是＿＿＿＿＿＿的老王，表现在＿＿＿＿＿＿"句式来予以概括。

（2）课文中也采用了这种方法。老王的哪件事写得最详细最感人？请结合词句进行批注式赏析，并与大家分享。

（3）理解作者的情感，体会"愧怍"的深层含义。

3. 挑战性目标

（1）在那样的动乱年代，老王是不幸的，杨绛也饱经风霜，但是为什么说自己是"幸运的"？

（2）我能再用"这是一个＿＿＿＿＿＿的杨绛对＿＿＿＿＿＿的老王的＿＿＿＿＿＿（情感）"来谈谈读完文章的体会，并能深刻理解这句话。

教学过程

活动一：自我领悟

1. 我能填写下列内容

（1）杨绛，_____人。作家、文学翻译家。少年时代先后在北京、上海、苏州等地读书。1931年于苏州东吴大学毕业，获文学学士学位；随即考入清华大学研究院，为外国语言文学研究生。1935年与_____结婚，是年夏季与钱锺书同赴英国、法国留学。1938年秋回国，曾任上海震旦女子文理学院外语系教授，业余从事创作。著有散文集《_____》《将饮茶》，长篇小说《_____》等。

（2）注音：

惶恐（   ）　　　　塌（   ）败　　　　镶（   ）嵌（   ）

伛（   ）　　　　　翳（   ）　　　　　骷（   ）髅（   ）

绷（   ）　　　　　攥（   ）着　　　　滞（   ）笨

侮（   ）辱

（3）解释：

① 伛：

② 愧怍：

③ 滞笨：

2. 我能有感情地朗读课文

略。

3. 我能写出初读体会

通过用"这是一个_____的杨绛对_____的老王的_____（情感）"来谈谈我的初读体会。

活动二：深度质疑

对话老王，感悟不幸。

1. 走近老王

读课文，总结老王是一个什么样的人。请同学们用"最让我感动的是_____的老王，表现在_____"句式来予以概括。

_____

_____

_____

2. 品悟老王（合作解决）

老王的哪件事写得最详细最感人？你能找到哪些词句？

_____

_____

_____

活动三：共研评价

（1）面对老王的遭遇，作者一家表现如何？说说对文中"我们一家"的看法。

_____

_____

_____

（2）如何理解作者的"愧怍"？

_____

_____

_____

活动四：修正诠释

对话文本，感悟幸运。

（1）在那样的动乱年代，老王是不幸的，杨绛也饱经风霜，但是为什么说自己是"幸运的"？

_____

（2）请用"这是一个_____的杨绛对_____的老王
的_____（情感）"的句式来谈谈读完文章的体会。

布置作业

《老王》是杨绛散文中较有特色的一篇。这种"特色"体现在许多方
面，可谓仁者见仁。"以小见大"的写作手法是《老王》这篇文章最大的"特
色"，那么，如何理解文中"以小见大"的写作手法呢？

杨绛《老王》教学设计

深圳市坪山区同心外国语学校　潘文明

教学目标

1. 基础性目标

（1）我能通过查阅资料了解本课的基本文学常识。

（2）我能正确读对字音并用自己喜欢的方式进行有感情地朗读课文。

（3）我能通过用"这是一个＿＿＿＿＿＿＿＿的杨绛对＿＿＿＿＿＿＿的老王的＿＿＿＿＿＿＿＿（情感）"来谈谈我的初读体会。

2. 拓展性目标

（1）读课文，总结老王是一个什么样的人？请同学们用"最让我感动的是＿＿＿＿＿＿＿的老王，表现在＿＿＿＿＿＿＿＿＿＿＿"句式来概括。

（2）课文中也采用了这种方法。老王的哪件事写得最详细最感人？请结合词句进行批注式赏析，并与大家分享。

（3）理解作者的情感，体会"愧怍"的深层含义。

3. 挑战性目标

（1）在那样的动乱年代，老王是不幸的，杨绛也饱经风霜，但是为什么说自己是"幸运的"？

（2）我能再用"这是一个＿＿＿＿＿＿＿＿的杨绛对＿＿＿＿＿＿＿的老王的＿＿＿＿＿＿＿＿＿（情感）"来谈谈读完文章的体会，并能深刻理解这句话。

教学过程

活动一：自我领悟

1. 我能填写下列内容

（1）杨绛，_____人。作家、文学翻译家。少年时代先后在北京、上海、苏州等地读书。1931年于苏州东吴大学毕业，获文学学士学位；随即考入清华大学研究院，为外国语言文学研究生。1935年与_____结婚，是年夏季与钱钟书同赴英国、法国留学。1938年秋回国，曾任上海震旦女子文理学院外语系教授，业余从事创作。著有散文集《_____》《将饮茶》，长篇小说《_____》等。

（2）注音：

惶恐（kǒng）　　　　　塌（tā）败　　　　　镶（xiāng）嵌（qiàn）

伛（yǔ）　　　　　　　翳（yì）　　　　　　骷（kū）髅（lóu）

绷（bēng）　　　　　　攥（zuàn）着　　　　滞（zhì）笨

侮（wǔ）辱

（3）解释：

①伛：

②愧怍：

③滞笨：

2. 我能有感情地朗读课文

略。

3. 我能写出初读体会

通过用"这是一个_____的杨绛对_____的老王的_____（情感）"来谈谈我的初读体会。

活动二：深度质疑

对话老王，感悟不幸。

1. 走进老王

读课文，总结老王是一个什么样的人呢？请同学们用"最让我感动的是_____的老王,表现在_____"句式来予以概括。

2. 品悟老王（合作解决）

文章中写了有关老王的很多事,有些事写得一笔带过,有些事却要写得具体而详细。这就是我们常说的"详写"和"略写",那些最能体现人物性格的我们要进行详写。课文中也采用了这种方法。老王的哪件事写得最详细最感人?请结合词句进行批注式赏析,并与大家分享。（小组合作学习）

活动三：共研评价

对话作者,感悟"愧怍"。

（1）面对老王的遭遇,作者一家表现如何?说说对文中"我们一家"的看法。

_____

_____

（2）当善良的老王去世时,作者有什么感受?

思考：引导学生理解作者的情感,体会"愧怍"的深层含义。

_____

_____

活动四：修正诠释

对话文本,感悟幸运。

（1）在那样的动乱年代,老王是不幸的,杨绛也饱经风霜,但是为什么说自己是"幸运的"?

_____

_____

（2）请用"这是一个_____的杨绛对_____的老王的_____（情感）"来谈谈读完文章的体会。

布置作业

（1）拓展性作业：《老王》是杨绛散文中较有特色的一篇。这种"特色"体现在许多方面，可谓仁者见仁。"以小见大"的写作手法是《老王》这篇文章最大的"特色"，那么，如何理解文中"以小见大"的写作手法呢？

（2）挑战性作业：请看杨绛的《干校六记》体会作者的情感。请改写《老王》。

教学资源：

供同学们预习时参考。

1. 预备知识——写作艺术手法

（1）表达情感的语言方式（表达方式）。

用语言文字表情达意时，有一个方法或手段问题，人们习惯上将它称为表达方式。文章的表达方式有多种：记叙、说明、议论、抒情、描写。从语言的运用上看，每种文体都有一种主要的语言表达方式，表达文章的内容事物。说明文主要用说明的语言表达方式介绍事物；记叙文常用叙述、描写的语言表达方式写景、写人、记事；议论文则以议论为主，发表作者对某事、某物的看法、态度等；诗歌散文则以抒情为主要的语言表达方式，凭借某事物抒发作者的主观感情。一篇文章里常常同时用几种不同的语言表达方式，每种形式都有它独特的表达效果。

（2）表现情感的写作手法鉴赏（表现手法）。

①表现手法。

从广义上来讲，表现手法也就是作者在行文措辞和表达思想感情时所使用的特殊的语句组织方式。分析一篇作品，具体而言，可以由点到面地来抓住它的特殊表现方式。常用的表现手法有：想象、联想、类比、象征、烘托、对比、渲染、修辞、抑扬、用典、以小见大等。

② 散文常用写作手法——以小见大。

郁达夫说过："一粒沙里见世界，半瓣花上说人情。"刘勰在《文心雕龙·物色篇》里说："一叶且或迎意，虫声有足引心。"一片树叶有时能触动人的心弦，一声虫鸣有时足以让人吃惊。散文的取材立意，往往体物入微，以小见大。善于从日常琐事中取材，给读者以新奇回味；善于在平凡生活中挖掘，表现出宏旨精义。所谓"以小见大"，即小处落笔，大处着眼，写小的事情，表现大的主题。这种手法，往往通过具体、平凡的小事、小物和有关细节材料的叙述描写，并加以适当抒情议论，透过细小的现象看本质，以阐明大的道理，深刻地揭示社会本质。例如，我们以前学过的《背影》一文，通过小的背影，表现大的父爱。你能分析下《老王》一文的写作手法吗？

2. 作家简介

杨绛：生于1911年，原名杨季康，原籍江苏无锡，生于北京。1932年毕业于苏州东吴大学，成为清华大学研究院外国语文研究员。1935至1938年与丈夫钱钟书先生一同留学英、法等国。回国后任北京大学文学研究所、中国社科院外国文学研究所研究员。1970年下放河南省息县干校在菜园劳动。1972年回北京。"文革"后继续研究翻译外国文学，并从事散文创作。著有论文集《春泥集》、散文集《干校六记》和译著《堂·吉诃德》，其长篇小说《洗澡》与张炜的《古船》一同被列为第五届茅盾文学奖初选作品集，而《洗澡》这一长篇小说也是当初被最为看好的获奖作品集，但最终因各种原因而遗憾地落选。

钱钟书：字默存，中国现代著名作家、学者。著有散文集《写在人生边上》、短篇小说集《人·兽·鬼》和被认为是中国现代文学史上最优秀作品之一，堪与茅盾《子夜》媲美的长篇小说《围城》。

3. 作品介绍

《老王》一文著于1984年。这是一篇回忆性文章，作者记叙了自己从前同老王交往中的几个生活片段。文章以"我"与老王的交往为线索，回忆了老王的几个生活片段，刻画了一个穷苦卑微但心地善良、老实厚道的"老王"形象，表达了作者一家对老王那样不幸者的关心、同情和尊重，提出了一个引人深思的问题：社会应该以人道主义精神来关心不幸者。

当时正是"文革"时期，杨绛夫妇在那个荒唐动乱的特殊年代里受了不少苦，被认为是"反动学术权威"，先后失去了女婿和女儿。但是任何歪风邪气对老王都没有丝毫影响，他照样尊重杨绛夫妇。由此，与老王的交往深深地印刻在杨绛的脑海之中……一般的知识分子经历了"文革"之后都会以自身的不幸去控诉。"同是天涯沦落人"，杨绛的散文中闪过时代的影子，使我们在这种大时代下看到老王的一颗金子般的心。善良别有一番意味，这种意味绝不仅仅是对善良的肯定，它包含着更为复杂的东西。写这篇文章的时候，已经度过了动乱年代，杨绛在追忆动乱年代遇到的这些善良的人们时更容易忽略苦难，而是看到苦难年代里人性的光辉。

4. 推荐阅读

《我们仨》一书告诉我们：人间不会有单纯的快乐，快乐总夹带着烦恼和忧伤；人间也没有永远，人生总在相守相助、相聚相失中完成。该书讲述了一个单纯温馨的家庭几十年平淡无奇、相守相助、相聚相失的经历。

《干校六记》是杨绛创作的散文集，于1981年7月首度出版。

《傻二哥》是新凤霞所写的一篇叙述文，通过描写傻二哥的勤劳、善良、乐观、助人等优秀品质，热情赞扬了那个时代所孕育的宝贵精神。

《乞丐》是19世纪俄国批判现实主义作家屠格涅夫所著，它给人的启示是：世界上有一种爱是平等的，正如阳光，它不管俊美丑陋，不分高低贵贱，它总是将温暖播撒人间。

5. 文本解析

从"愧怍"探寻悲悯情怀

朱光潜说悲悯情怀是一种普遍的关注人性、人类生存状况的人道主义情怀。以下内容着重解读"愧怍"情怀。

一、关注底层百姓的生存困境

杨绛曾说过，"我在上层是个零，和下层关系密切。"她历经"文革"，生活困窘，熟悉底层百姓的困顿生活，关注老王这样的弱势群体。他们遭受着物质和精神的双重困境。就老王来说，他靠破三轮车谋生，一个取缔三轮车可见当时社会对这些人的漠视。没有居所，没有亲人，又瞎了一只眼，一个缺亲少故的老人，道不尽的晚年凄凉。杨绛把目光投向于此，引起更多人的同情和关怀，给予生活在底层的人民更多的暖意。

二、挖掘人性中的善，彰显悲悯情怀

杨绛曾在《乌云与金边》中写"乌云遮蔽的，倒是那一道含蕴着光和热的金边"，而老王正是"文革"乌云下的金边，给读者呈现了底层百姓的"善"。

老王就是一个善良、有同情心的人。老王送的冰大一倍，但是价格一样；送钱钟书去医院坚决不要钱，而那个时候他并不知道钱先生的地位，只是因为他们是他的朋友。

三、"愧怍"中升华了悲悯情怀

古汉语字典对"愧怍"的解释是因为错误或缺点而产生不安。两人交往期间，杨绛一直帮助老王，但是为什么心含"愧怍"呢？到底犯了什么错误或存在什么缺点？

首先，"愧怍"源自心灵不平等的反省。

文章中多次能看见老王对钱家人的理解和照顾：拉钱钟书没有收钱，送冰也多一倍。老王住在一所破房子里，他自己说那不是家，只是居住在那里，说明他内心也是充满了对亲情温暖的渴望，而在生命的最后时刻还去看了杨绛，把当年那个年代用钱都未必能买到的油和蛋送给杨绛。也许是因为杨绛在别人冷漠老王的时候，她们家还对他有过关心，比如，给老王送鱼肝油，常坐老王的车；也许是因为当时特定的社会环境让老王更加感受不到亲情。不管怎么样，我们能看出，老王可谓是把杨绛视作亲人。

但是从杨绛的行为我们也能看出，杨绛的心理和老王的心理是有一定距离的，并没有亲人般的关怀。从开始的时候和老王坐车只是"他蹬、我坐，常说闲话"，这能看出两个人还是有距离的。而且老王生病，她并没有去看望病中的老王。在老王去世前，面如死灰的给她送东西的时候，她也没有过多地接待和客套。而且得知老王死讯，也没有多问。多年之后，杨绛心中每每想起与老王的接触，老王视自己为亲人，而自己却视他为普通朋友。对于有良知、具有人道主义情怀的杨绛来说，自己都感觉有点冷漠，又怎能不"愧怍"呢。

其次，心存同情又没有关乎心灵的"愧怍"。

说自己是个幸运的人，其实她也是那么的不幸。"文革"期间，杨绛遭受别人抽打，为什么还自称幸运？缘于20世纪80年代的时候，杨绛已经对"文革"时的迫害有所释怀，同时更加深刻地感受到百姓的苦难。

杨绛在窘迫之时，老王能真心对待他们一家。而杨绛在物质上尽量帮助老王，当老王在送鸡蛋油的时候，杨绛是用钱来领受谢意。而这些都是带有距离的、对弱者的怜悯的色彩，实际上是伤害了老王渴求朋友、亲友的平等、尊重的心灵。而这种未曾体察老王的心灵渴求，使作者更加"愧怍"。人已逝去，唯有留下一位作家的反思。

多年后，这个善良的不幸者也促成了杨绛的精神升华——面对每一个不幸的人，我们都应该心怀"愧怍"，如屈原的"哀民生之多艰"。

杜甫《茅屋为秋风所破歌》导学案

深圳市坪山区教育科学研究管理中心　戴 月

教学目标

（1）理解诗歌含义及作者的情感。

（2）体会诗人心忧天下的博大情怀。

教学重难点

在诵读与感悟中，品味诗歌内涵，体会诗人推己及人、心忧天下的博大情怀。

课时安排

1课时。

教学过程

活动一：自我领悟

1. 背景简介

（1）生生交流诗人资料及写作背景。

（2）师生交流，教师总结，投影展示。

2. 听读诗歌

（1）自己读一读诗歌，初步感知其内涵。

（2）听读教师在有声平台上录制的诗歌朗读。

（3）听读后全班交流点评，初步感知整体的情感基调。

（4）齐读全诗，边读边想象画面。

3. 自读感悟

（1）速读全诗，圈点勾画出诗中关于茅屋和秋风的描写。

（2）投影出示相关诗句并进行全班交流。

（3）请学生读这两段（提示学生有感情地进行朗读）。

活动二：深度质疑

师：如果说"屋漏偏逢连夜雨"只是天灾，尚且可以忍受的话，那么"人祸"就足以让人气愤难平了。

读第二段，思考并在小组内展开交流：

（1）用四字概括这个事件。

_____

（2）这是一群怎样的人？

_____

（3）杜甫在叹息什么？

_____

活动三：共研评价

1. 研读句子

全班交流，投影展示诗句。

2. 体会情感

（1）体会诗人情感，用这样的句式表达：

"一声长叹，包含了多少_____！"

（2）齐读。

学生有感情地朗读第二段。

3. 深化主题

（1）追问：如果没有风雨的侵扰，杜先生是不是就能睡个安稳觉呢？

_____

（2）三个巨大的感叹号抒发了诗人强烈的情感，投影出示尾段的抒情诗句。这强烈的直接抒情让我们看到了一个怎样的杜甫？

_____

活动四：修正诠释

小结赛读：

（1）课堂小结：忧国忧民的诗人总是会受到人民的爱戴和敬仰。让我们怀着对杜甫的崇敬之情，再次齐读全诗，体会诗人忧国忧民的伟大情怀。

（2）齐读，全班赛读，配乐。

（3）拓展延伸。

学习诗人融叙述、描写和议论为一体的写法，加入合理的想象，将本诗改写成四个镜头的画面。

_____

_____

_____

_____

杜甫《茅屋为秋风所破歌》教学设计

深圳市坪山区教育科学研究管理中心　戴　月

深圳市坪山区实验学校　谭喜梅

教学目标

（1）理解诗歌含义及作者的情感。

（2）体会诗人心忧天下的博大情怀。

教学重难点

在诵读与感悟相结合中，品味诗歌内涵，体会诗人推己及人、心忧天下的博大情怀。

课时安排

1课时。

教学过程

活动一：自我领悟

1. 简介背景

（1）生生交流诗人资料及写作背景。

（2）师生交流，教师总结，投影展示。

（过渡语：诗作作于安史之乱以后，"唐朝诗圣有杜甫，能知百姓苦中苦"。)

2. 听读诗歌

（1）自己读一读诗歌，初步感知诗歌意境。

（2）听读教师在有声平台上录制的诗歌朗读。

（3）听读后全班进行交流点评，初步感知整体的情感基调。

（4）齐读全诗，边读边想象画面。

3. 自读感悟

（1）速读全诗，圈点勾画出诗中关于茅屋和秋风的描写。

（2）投影出示相关诗句并进行全班交流。

抓住"怒号""卷""飞""洒"，明确风力之迅猛。

抓住"无干处""未断绝"及屋内生活用品"布衾多年冷似铁""踏里裂"，明确诗人生活之悲惨和贫穷。

（3）请学生读这两段（提示学生有感情地进行朗读）。

活动二：深度质疑

师：如果说"屋漏偏逢连夜雨"只是天灾，尚且可以忍受的话，那么"人祸"就足以让人气愤难平了。

读第二段，思考并小组内进行交流：

（1）用四字概括这个事件。

_____

_____

（2）这是一群怎样的人？

_____

_____

（3）杜甫在叹息什么？

_____

_____

活动三：共研评价

1. 研读句子

全班交流，投影展示诗句，明确以下3个问题：

（1）群童抢茅。

（2）抓住"欺""忍能""对面""公然""呼不得"。追问：这群人麻木、丑陋、落井下石、不知廉耻吗？答案是否定的。古语有云：仓廪实而知礼节，衣食足而知荣辱。是什么迫使这群孩子公然抢夺、连茅草都不放过呢？答案是黑暗动荡的社会、水深火热的生活环境。

（3）抓住"呼不得"和"自叹息"追问：面对群童抢茅，杜甫所做的只是"呼"和"叹息"，是真的因为"老无力"吗？（提示：诗歌写作时，杜甫才49岁）他在叹什么呢？（深知人民苦难，不忍追讨，叹息自己之苦、人民之苦、战乱带来的社会之苦，以此表达了作者推己及人的博大胸怀。）

2. 体会情感

（1）体会诗人情感，用这样的句式表达：

"一声长叹，包含了多少＿＿＿＿＿＿＿＿＿＿＿＿＿！"

（2）齐读：有感情地朗读第二段。

3. 深化主题

师：狂风破茅、群童抢茅、屋漏湿雨，这样的夜晚，杜甫哪里还睡得着呢？！

齐读——"自经丧乱少睡眠，长夜沾湿何由彻！"

（1）追问：如果没有风雨的侵扰，杜甫是不是就能睡个安稳觉呢？

全班交流，明确：不能。缘于杜甫流离失所，心忧天下。

（2）三个感叹号抒发了诗人强烈的情感，投影出示尾段的抒情诗句。

齐读，教师适当点拨学生的诵读语气，学生渐渐读出期待、坚定、悲壮的情感。

（3）这强烈的直接抒情让我们看到了一个＿＿＿＿＿＿＿＿＿的杜甫！

活动四：修正诠释

小结赛读：

（1）课堂小结：忧国忧民的诗人总会受到人民的爱戴和敬仰。让我们怀着对杜甫的崇敬心情，再次齐读全诗，体会诗人忧国忧民的伟大情怀。

（2）齐读，全班赛读，配乐。

（3）拓展延伸。

学习诗人融叙述、描写和议论为一体的写法，加入合理的想象，将本诗改写成四个镜头的画面。

板书设计

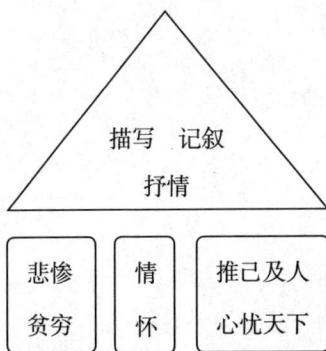

艾青《我爱这土地》导学案

深圳市坪山区坪山实验学校　谭喜梅

教学目标

（1）领会诗中意象。

（2）体会诗中蕴含的情感。

教学重难点

领会诗中意象。

课时安排

1课时。

教学过程

活动一：自我领悟

1. 素读知言

（1）读一读这首小诗。

（2）自由读，自由批注，写出你的初读感受（或疑问，或感想）。

_____

_____

2. 诵读悟情

（1）根据老师的要求依次完成诵读任务。

（2）我的思考：怎样才能把这首诗读得富有感染力？

_____

_____

活动二：深度质疑

小组讨论，归纳总结：

把诗歌读得更富感染力的方法：_____

其中最重要的元素：_____

活动三：共研评价

1. 研读绘意

（1）读诗文，在诗中圈出这只鸟要歌唱的对象，并将这些"对象"画到下框中。

```



```

（2）经过老师的点拨，我明白了"意象"指的是什么？

_____

（3）在时代背景下，这些意象所具有的象征意义为：

```
┌──────────┐        ┌──────────┐
│          │        │          │
└──────────┘        └──────────┘
┌──────────┐   象    ┌──────────┐
│          │        │          │
└──────────┘   征    └──────────┘
┌──────────┐        ┌──────────┐
│          │        │          │
└──────────┘        └──────────┘
┌──────────┐        ┌──────────┐
│          │        │          │
└──────────┘        └──────────┘
```

2. 品读入境

（1）把河流换成山脉，是否可以？说说你的理由。

_____

（2）还有哪些词可以置换？可课后进行思考并补充内容。

_____

（3）我明白了"意境"的含义：

_____

活动四：修正诠释

再塑诗情：

诗人含泪写下对祖国的深深眷恋，让我们大声朗诵，用自己的声音向这位了不起的诗人致敬吧！

布置作业

阅读名著，上传诗歌朗诵作品。

艾青的诗歌朴素生动，富有生命力，具有内在的旋律与和谐的节奏，非常适合朗诵。请阅读名著《艾青诗选》，选择其中一两首诗作，预先做好朗诵准备，揣摩技巧方法，读出感情和节奏，然后录制一段朗诵录音，上传到班级群中进行分享。

艾青《我爱这土地》教学设计

深圳市坪山区教育科学研究管理中心　戴 月

深圳市坪山区实验学校　谭喜梅

教学目标

（1）领会诗中意象。

（2）体会诗中蕴含的情感。

教学重难点

领会诗中意象。

课时安排

1课时。

教学过程

活动一：自我领悟

1. 素读知言

（1）请同学们打开书本？读一读这首小诗。

（2）自由读，自由批注，写出你的初读感受（或是疑问，或是感想）。

教师提示读书方法：圈点勾画（养成不动笔墨不读书的习惯）。

2. 诵读悟情

（1）教师给出节奏，学生读，边读边思考为什么这么划分？

（2）小组内互相听读。

（3）推选学生代表朗读，小组代表给予点评。

（4）老师进行范读（可以不要，视学生朗读情况而定，不要为了展示教师自己而设置此环节）。

（5）怎样才能把这首诗读得富有感染力？

学生自由表达：怎样才能把诗歌读得富有感染力？

教师给予适当点拨：引导学生读出感情。

（6）学生自由读，放声读，以诵绘情。

（7）全班进行齐读。

活动二：深度质疑

怎样才能把这首诗读得更富感染力？最重要的元素是什么？

_____

_____

活动三：共研评价

1. 研读绘意

（1）读诗文，在诗中圈出这只鸟要歌唱的对象。

请同学在黑板上画出这些"对象"（教师注意提前规划好位置）。

教师补充意象的概念。

（2）在时代背景下，这些意象分别象征着什么？（板书）

重视课堂的生成，注意引导学生，抓住关键词。

明确：　土地——祖国
　　　　河流——人民
　　　　风　——反抗　　⟹（象征）
　　　　黎明——胜利的希望

2. 品读入境

把河流换成山脉，是否可以？说说你的理由。还有哪些词可以置换？（可留待课后思考并完成以上问题。教师补充意境的概念。）

活动四：自我诠释

再塑诗情：

诗人含泪写下对祖国的深深眷恋，让我们大声朗诵，用自己的声音向这位了不起的诗人致敬吧！

板书设计

```
我爱这土地
   艾  青


假如我是一只鸟
 （逐一画出）
   ……
```

竺可桢《大自然的语言》导学案

深圳市坪山区教育科学研究管理中心　戴　月

深圳市坪山区博明学校　冯丽斯

教学目标

（1）了解说明内容，提升概括能力。

（2）辨别说明方法，学会分析其作用。

（3）抓文题，学会跳出文章关注大自然。

教学重难点

了解说明内容，提升概括能力；辨别说明方法，学会分析其作用；抓文题，学会跳出文章关注大自然。

课时安排

1课时。

教学过程

导入：

请快速阅读所列的诗句，思考：从诗中所描写的内容，你读出了什么？

人间四月芳菲尽，山寺桃花始盛开。

——白居易《大林寺桃花》

两个月前，在广州，看见了玉兰开花；两个月后，在北京，又看见玉兰开花。

"玉兰花呀，"我说，"你走得真好慢哪！费了两个月工夫，你才走到了京华。"

——郭沫若《玉兰和红杏》

_____

_____

活动一：自我领悟·知语

（1）通读全文，完成以下方框内容：

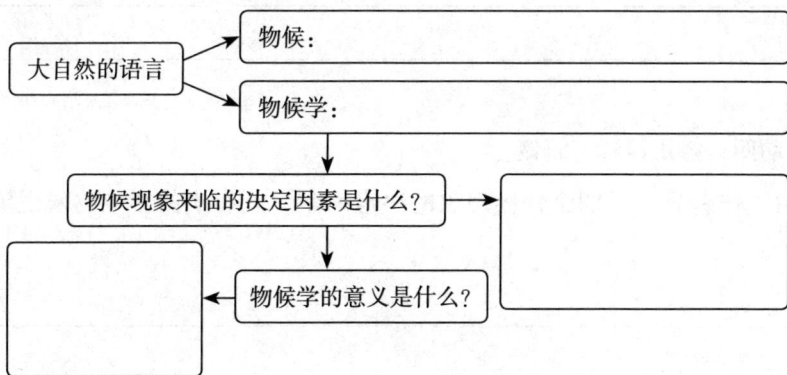

（2）用不超过150字的语言将文章内容加以概括。

_____

_____

活动二：深度质疑·寻言

（1）通过比较文本内容与自己概括的内容发现二者的不同之处。

_____

_____

_____

（2）结合课文，具体学习"举例子""作比较""列数字""分类别""下定义"等说明方法的辨别，并分析其作用。

_____

_____

_____

活动三：共研评价·会意

竺可桢自命题为《一门丰产的科学——物候学》，可是编者却取名为《大自然的语言》，你认为哪个好？请说明原因。

_____

_____

_____

活动四：修正诠释·解谜

（1）作者只列了四个物候现象的决定因素，还有别的影响物候现象的因素吗？

_____

_____

_____

（2）悟谜：鱼鳞上的圆圈告诉我们它的年龄，三叶虫的化石嵌在喜马拉雅山巅，它告诉我们这里曾是浩瀚的海洋。其实，人有语，物有声，大自然也会说话。只要我们细细观察，你会发现得更多，更多……

布置作业

完成相关阅读练习。

竺可桢《大自然的语言》教学设计

深圳市坪山区教育科学研究管理中心　戴 月

深圳市坪山区光祖中学　傅梦妮

深圳市坪山区博明学校　冯丽斯

教学目标

（1）了解说明内容，提升概括能力。

（2）辨别说明方法，学会分析其作用。

（3）抓文题，学会跳出文章关注大自然。

教学重难点

了解说明内容，提升概括能力。辨别说明方法，学会分析其作用；抓文题，学会跳出文章关注大自然。

课时安排

1课时。

教学过程

导入：

请快速阅读所列的诗句，思考：从诗文中所描写的内容，你读出了什么？

人间四月芳菲尽，山寺桃花始盛开。

——白居易《大林寺桃花》

两个月前，在广州，看见了玉兰开花；两个月后，在北京，又看见玉兰开花。"玉兰花呀，"我说，"你走得真好慢哪！费了两个月工夫，你才走到了京华。"

——郭沫若《玉兰和红杏》

_____

_____

教师小结：

无论是《大林寺桃花》，还是广州与北京的玉兰，这些都是大自然在用他们特有的语言向人们传递不同的讯息。那么，何谓"大自然的语言"呢？让我们一同走进课文，去探寻大自然的语言。

活动一：自我领悟·知语

（此环节旨在激趣。）

（1）通读全文，完成以下方框内容。（此环节旨在考查学生筛选信息与概括内容的能力。）

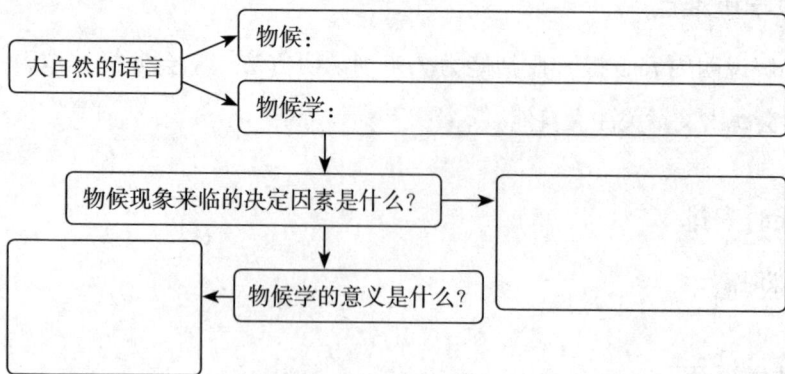

（2）用不超过150字的语言将文章内容加以概括。

_____

_____

活动二：深度质疑·寻言

（此环节旨在让学生自己去发现说明方法，并分析其作用。）

（1）通过比较文本内容与自己概括的内容发现二者的不同之处（通过此环节，学生可以很容易地发现说明方法）。

_____

_____

（2）结合课文，具体学习"举例子""作比较""列数字""分类别""下定义"等说明方法的辨别，并分析其作用。

_____

_____

_____

活动三：共研评价·会意

（鼓励学生质疑。）

竺可桢自命题为《一门丰产的科学——物候学》，可是编者却取名为《大自然的语言》，你认为哪个好？请说明原因。

_____

_____

_____

活动四：修正诠释·解谜

（1）作者只列了四个物候现象的决定因素，还有别的影响物候现象的因素吗？

_____

_____

_____

（2）悟谜：鱼鳞上的圆圈告诉我们它的年龄，三叶虫的化石嵌在喜马拉雅山巅，它告诉我们这里曾是浩瀚的海洋。其实，人有语，物有声，大自然也会说话。只要我们细细观察，你会发现得更多、更多……

布置作业

完成相关阅读练习。

刘义庆《陈太丘与友期》导学案

深圳市坪山区博明学校　　冯丽斯

教学目标

（1）积累文言词语。

（2）分析人物，获得情感体验。

（3）学习古人懂礼知义的优秀品质。

教学重难点

积累文言词语；分析人物，获得情感体验；学习古人懂礼知义的优秀品质。

课时安排

1课时。

教学过程

活动一：自我领悟

1. 初读课文，明确要求

（1）读准字音，朗读节奏。

（2）圈出你不会解释的字词。

2. 再读课文，记录疑难

小组内解决句子的翻译，将难以解决的句子写下来。

_____

_____

3. 三读课文，体会内容

说说这篇课文讲了一个什么故事？（提示：时间、地点、人物及事情的起因、经过、结果。）

_____

_____

_____

4. 朗读对话

找出元方和父亲友人的对话，并进行大声朗读。

5. 分角色朗读

注意人物对话的语气和语调，为人物语言加上修饰词，小组内分角色进行朗读。

活动二：深度质疑

（1）当父亲友人指责谩骂父亲时，元方从哪些方面去反驳他父亲的友人？

提示1：信用。

_____

_____

提示2：礼貌。

_____

_____

（2）元方"入门不顾"是否失礼？说说你的理由。

_____

_____

活动三：共研评价

（1）如何评价文中的人物？请用文中具体的句子分析。（以下图为例，还有其他人物可以填写在下方空白处，用自己喜欢的图形创造并完成以下思维导图。）

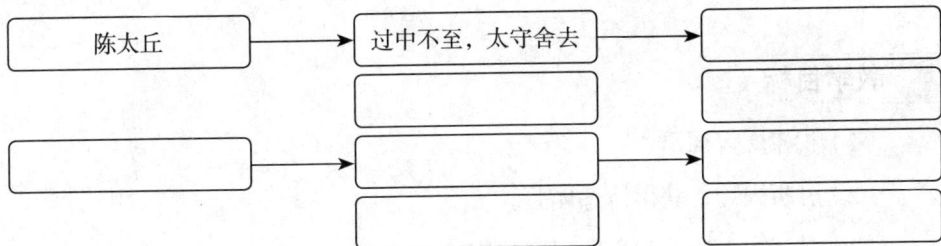

陈太丘	→	过中不至，太守舍去	→	
	→		→	

（2）通过这篇课文，我懂得了（学会／明白）_____。

活动四：修正诠释

如果你和朋友相约出行，也发生这样的事情，你会以谁的角度去处理这件事？怎么处理？（可以从自己、失约的朋友两个不同的角度加以分析）

_____

_____

_____

刘义庆《陈太丘与友期》教学设计

深圳市坪山区博明学校　冯丽斯

教学目标

（1）积累文言词语。

（2）分析人物，获得情感体验。

（3）学习古人懂礼知义的优秀品质。

教学重难点

积累文言词语；分析人物，获得情感体验；学习古人懂礼知义的优秀品质。

课时安排

1课时。

教学过程

导入：

师：前一课我们学习了《咏雪》，认识了谢道韫这个机智聪颖的少年。自古以来，有许许多多聪颖机智的少年故事，至今流传，成为美谈，你还知道哪些关于机智少年的故事呢？（学生讲述故事。）

今天，我们将结识另外一位聪明机智的少年。请大家打开书本，我们一起学习《陈太丘与友期》。（板书课题。）

活动一：自我领悟

1. 初读课文，明确要求

（1）读准字音，朗读节奏。

（2）圈出你不会解释的字词。

2. 再读课文，记录疑难

小组内解决句子的翻译，将难以解决的句子写下来。

_____

_____

3. 三读课文，体会内容

说说这篇课文讲了一个什么故事？（提示：时间、地点、人物及事情的起因、经过、结果。）

_____

_____

_____

_____

4. 朗读对话

找出元方和父亲友人的对话，并进行大声地朗读。

5. 分角色朗读

注意人物对话的语气和语调，为人物语言加上修饰词，小组内分角色进行朗读。

活动二：深度质疑

（1）当父亲友人指责谩骂父亲时，元方从哪些方面去反驳他父亲的友人？

提示1：信用。

_____

_____

提示2：礼貌。

_____

_____

（2）元方"入门不顾"是否失礼？说说你的理由。

_____

_____

活动三：共研评价

（1）如何评价文中的人物？请用文中具体的句子分析。（如下图为例，还有其他人物可以填写在下方空白处，用自己喜欢的图形创造并完成以下思维导图。）

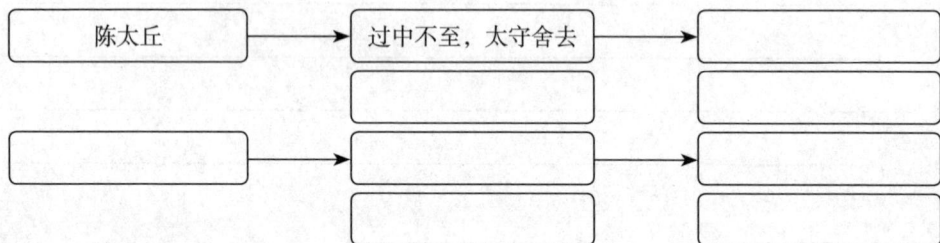

陈太丘	→	过中不至，太守舍去	→	
	→		→	

（2）通过这篇课文，我懂得了（学会/明白）_____。

活动四：修正诠释

如果你和朋友相约出行，也发生这样的事情，你会以谁的角度去处理这件事？怎么处理？（可以从自己、失约的朋友两个不同的角度予以分析。）

陶渊明《桃花源记》（第一课时）导学案

深圳市坪山区博明学校　　冯丽斯

教学目标

（1）积累文言词语，学习"记"这一文体。

（2）指导学生朗读，逐步加深对课文的理解，并熟读成诵。

教学重难点

积累文言词语，学习"记"这一文体；指导学生朗读，逐步加深对课文的理解，并熟读成诵。

课时安排

2课时。

教学过程

活动一：自我领悟

1. 解题《桃花源记》

这个题目让你想到了哪个成语？＿＿＿＿＿＿＿＿＿＿＿＿＿＿＿＿＿＿＿＿

2. 了解"记"

"记"是古代的一种文体，这种体裁主要通过记事、记物、写景来抒发作者的感情和简介，借景抒情，托物言志。其类别主要分为碑记、游记、杂记三种。

碑记是古代一种刻在石碑上记叙人物生平事迹的文体。游记是一种描写旅行见闻的散文体裁。杂记是古代因事见义，杂写所见所闻，不多加议论的散文体裁。

你了解的还有哪些古文用"记"这一文体？

_____

3. 初读课文，读准字音

为下面画线字注音。

豁然（　　　）　　　　俨然（　　　）　　　　阡陌（　　　）

诣太守（　　　）　　　　屋舍（　　　）　　　　间隔（　　　）

老骥（　　　）　　　　便舍船（　　　）　　　　此中人语云（　　　）

活动二：深度质疑

1. 再读课文，读顺文章

（1）自由朗读课文，边读边划分节奏，读出抑扬顿挫。

（2）用"/"给句子断句。

①忽逢桃花林，夹岸数百步，中无杂树，芳草鲜美，落英缤纷。

②渔人甚异之，复前行，欲穷其林。

③其中往来种作，男女衣着，悉如外人。

④自云先世避秦时乱，率妻子邑人来此绝境，不复出焉，遂与外人间隔。

2. 三读课文，读通文章

（1）读课文，圈出你不会解释的字词。

（2）结合页下注释和工具书自行疏通文义，用线画出仍不解之处。

（3）重点词考考你：解释画线字词。

便要还家庭：_____　　　武陵人捕鱼为业：_____

便舍船：_____　　　　　屋舍俨然：_____

寻向所志：_____　　　　寻病终：_____

处处志之：_____　　　　寻向所志：_____

不足：_____　　　　　　无论魏晋：_____

渔人甚异之：＿＿＿＿＿＿＿＿＿＿　　芳草鲜美：＿＿＿＿＿＿＿＿＿＿＿＿＿

阡陌交通：＿＿＿＿＿＿＿＿＿＿　　妻子：＿＿＿＿＿＿＿＿＿＿＿＿＿＿＿

绝境：＿＿＿＿＿＿＿＿＿＿＿＿

活动三：共研评价

1. 四读课文，疏通文义

（1）学生以四人小组为单位，组内互助解疑。

（2）组内无法解决的疑问，全班交流解决。

（3）在理解文义的基础上，熟读成诵。

2. 世外桃源的含义

＿＿＿＿＿＿＿＿＿＿＿＿＿＿＿＿＿＿＿＿＿＿＿＿＿＿＿＿＿＿＿＿＿＿＿＿＿＿

3. 结合原文分析

文中哪些细节体现出桃花源是一个与世隔绝的地方？（小组交流）

（1）"林尽水源，便得一山，山有小口，仿佛若有光。"——＿＿＿＿＿＿＿

（2）＿＿＿＿＿＿＿＿＿＿＿＿＿＿＿＿＿＿＿＿＿＿——＿＿＿＿＿＿＿

（3）＿＿＿＿＿＿＿＿＿＿＿＿＿＿＿＿＿＿＿＿＿＿——＿＿＿＿＿＿＿

（4）＿＿＿＿＿＿＿＿＿＿＿＿＿＿＿＿＿＿＿＿＿＿——＿＿＿＿＿＿＿

活动四：修正诠释

用自己的语言说说《桃花源记》写了什么？

＿＿＿＿＿＿＿＿＿＿＿＿＿＿＿＿＿＿＿＿＿＿＿＿＿＿＿＿＿＿＿＿＿＿＿＿＿＿

课堂小结：

为什么桃花源会成为人们心目中理想的生活处所？同学们在课后思考这一问题，下节课我们继续学习这篇课文。

布置作业

背诵课文。

陶渊明《桃花源记》（第一课时）教学设计

深圳市坪山区博明学校　冯丽斯

❀ 教学目标

（1）积累文言词语，学习"记"这一文体。

（2）指导学生朗读，逐步加深对课文的理解，并熟读成诵。

❀ 教学重难点

积累文言词语，学习"记"这一文体；指导学生朗读，逐步加深对课文的理解，并熟读成诵。

❀ 课时安排

2课时。

❀ 教学过程

活动一：自我领悟

1. 解题《桃花源记》

这个题目让你想到了哪个成语？_____

2. 了解"记"

"记"是古代的一种文体，这种体裁主要通过记事、记物、写景来抒发作者的感情和简介，借景抒情，托物言志。其类别主要分为碑记、游记、杂记三种。

碑记是古代一种刻在石碑上记叙人物生平事迹的文体。游记是一种描写旅行见闻的散文体裁。杂记是古代因事见义，杂写所见所闻，不多加议论的散文体裁。

你了解的还有哪些古文用"记"这一文体？

_____

3. 初读课文，读准字音

为下面画线字注音。

豁然（　　　）　　　　俨然（　　　）　　　　阡陌（　　　）

诣太守（　　　）　　　　屋舍（　　　）　　　　间隔（　　　）

老骥（　　　）　　　　便舍船（　　　）　　　　此中人语云（　　　）

活动二：深度质疑

1. 再读课文，读顺文章

（1）自由朗读课文，边读边划分节奏，读出抑扬顿挫。

（2）用"/"给句子断句。

①忽逢桃花林，夹岸数百步，中无杂树，芳草鲜美，落英缤纷。

②渔人甚异之，复前行，欲穷其林。

③其中往来种作，男女衣着，悉如外人。

④自云先世避秦时乱，率妻子邑人来此绝境，不复出焉，遂与外人间隔。

2. 三读课文，读通文章

（1）读课文，圈出你不会解释的字词。

（2）结合页下注释和工具书自行疏通文义，用线画出仍不解之处。

（3）教师助学。

出示重点词，解释画线字词。

便要还家庭：_____　　　　武陵人捕鱼为业：_____

便舍船：_____　　　　屋舍俨然：_____

寻向所志：_____　　　　寻病终：_____

处处志之：_____　　　　寻向所志：_____

不足：_____　　　　无论魏晋：_____

渔人甚异之：＿＿＿＿＿＿＿　　芳草鲜美：＿＿＿＿＿＿＿＿＿＿

阡陌交通：＿＿＿＿＿＿＿＿　　妻子：＿＿＿＿＿＿＿＿＿＿＿＿

绝境：＿＿＿＿＿＿＿＿＿＿

活动三：共研评价

1. 四读课文，疏通文义

（1）学生以四人小组为单位，组内互助解疑。

（2）组内无法解决的疑问，全班交流解决。

（3）在理解文义的基础上，熟读成诵。

2. 世外桃源的含义

明确：在文中，世外桃源指的是与世隔绝的、不遭战祸的安乐美好的地方，后借代不受外界影响的地方或幻想中的美好世界。

3. 结合原文分析

文中哪些细节体现出桃花源是一个与世隔绝的地方？（小组交流）

（1）"林尽水源，便得一山，山有小口，仿佛若有光。"——＿＿＿＿＿＿

（2）＿＿＿＿＿＿＿＿＿＿＿＿＿＿＿＿＿＿＿＿＿＿——＿＿＿＿＿

（3）＿＿＿＿＿＿＿＿＿＿＿＿＿＿＿＿＿＿＿＿＿＿——＿＿＿＿＿

（4）＿＿＿＿＿＿＿＿＿＿＿＿＿＿＿＿＿＿＿＿＿＿——＿＿＿＿＿

活动四：修正诠释

用自己的语言说说《桃花源记》写了什么？

＿＿＿＿＿＿＿＿＿＿＿＿＿＿＿＿＿＿＿＿＿＿＿＿＿＿＿＿＿＿＿＿＿＿

课堂小结：

为什么桃花源会成为人们心目中理想的生活处所？同学们课后思考这一问题，下节课我们继续学习这篇课文。

布置作业

背诵课文。

陶渊明《桃花源记》（第二课时）导学案

深圳市坪山区博明学校　冯丽斯

教学目标

（1）引导学生感受桃花源优美的环境，以及淳朴的人情风貌（民主平等、其乐融融的人际关系）。

（2）了解本文所描绘的理想社会，尝试理解作者心中的理想社会。

教学重难点

引导学生感受桃花源优美的环境，以及淳朴的人情风貌（民主平等、其乐融融的人际关系）；了解本文所描绘的理想社会，尝试理解作者心中的理想社会。

课时安排

1课时。

教学过程

导入：

我认识的陶渊明：＿＿＿＿＿＿＿＿＿＿＿＿＿＿＿＿＿＿＿＿＿＿＿＿

＿＿＿＿＿＿＿＿＿＿＿＿＿＿＿＿＿＿＿＿＿＿＿＿＿＿＿＿＿＿＿＿＿＿

＿＿＿＿＿＿＿＿＿＿＿＿＿＿＿＿＿＿＿＿＿＿＿＿＿＿＿＿＿＿＿＿＿＿

活动一：自我领悟

1. 自由朗诵

请同学们画出发现桃花源的过程图。

缘溪行，忘路之远近→_____→复前行，_____。

林尽水源，_____→_____→复行数十步，豁然开朗。

2. 了解桃花源

（1）请用思维导图形式表示出桃花源的环境（自然环境、社会环境）。请参考下图，设计并完善自己的思维导图。

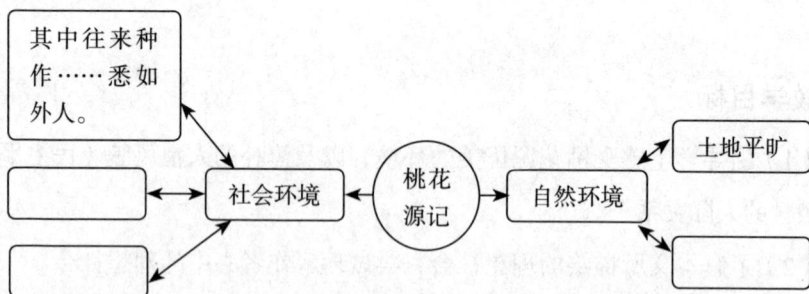

（2）从这些叙述描写中，可以看出这是一个怎样的社会？

_____

_____

活动二：深度质疑

大家对文章还有这些疑问（完成后，小组展开交流）：

（1）桃花源的人为什么会来到桃花源？

_____

（2）桃花源的人为什么皆叹惋？

_____

（3）渔人为什么不直接留下来？

_____

（4）渔人做了记号，为什么找不到桃花源？

_____

（5）桃花源真的存在吗？

_____

活动三：共研评价

小组讨论：为什么说桃花源是当时的理想社会？我们今天应如何评价？

_____

_____

_____

活动四：修正诠释

生活在东晋的陶渊明描绘了这样美好的境界，实际上却是并不存在的。生活在今天的你们，虽然已经拥有了美好幸福的生活，但一定对明天有着更为美好的憧憬。你希望自己生活的未来社会是什么样的呢？请用美丽的语言加以描绘。

_____

_____

_____

📖 **课堂小结：**

陶渊明向往一种没有剥削与压迫的幸福美好生活，这是我们应该学习的。作为21世纪的青少年，更应树立一种远大的理想，将个人利益与社会的需要结合起来，才能无愧于这个时代，无愧于我们的民族。

陶渊明《桃花源记》（第二课时）教学设计

深圳市坪山区博明学校　冯丽斯

教学目标

（1）引导学生感受桃花源优美的环境，以及淳朴的人情风貌（民主平等、其乐融融的人际关系）。

（2）了解本文所描绘的理想社会，尝试理解作者心中的理想社会。

教学重难点

引导学生感受桃花源优美的环境，以及淳朴的人情风貌（民主平等、其乐融融的人际关系）；了解本文所描绘的理想社会，尝试理解作者心中的理想社会。

课时安排

1课时。

教学过程

导入：

师：有这样一位诗人，他才华出众，却主动辞官，陶然耕作；他钟爱"采菊东篱下，悠然见南山"般的人生境界，他宁可归隐也不要在世俗之中玷辱自己的高洁，这个人就是——陶渊明。

（学生自由发言说说对陶渊明的认识，老师进行补充。）

接下来，我们一起来学习他的一篇文章《桃花源记》。

活动一：自我领悟

1. 自由朗读

请同学们画出发现桃花源的过程图。

缘溪行，忘路之远近→_____→复前行，_____。

林尽水源，_____→_____→复行数十步，豁然开朗。

出示答案：

缘溪行，忘路之远近→　忽逢桃花林　→复前行，　　欲穷其林　　。

林尽水源，　便得一山　→　初极峡，才通人　→复行数十步，豁然开朗。

2. 了解桃花源

（1）教师出示思维导图图例（学生可以根据自己的喜好换图形），请学生用思维导图形式表示出桃花源的环境（自然环境、社会环境）。

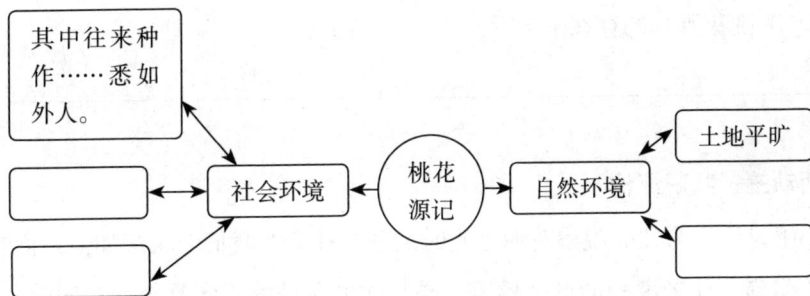

（2）从这些叙述描写中，可以看出这是怎样的一个社会?

（明确：通过作者的这些描写叙述，让我们看到了桃花源自然环境优美，人民生活安居乐业、幸福美好，桃花源人淳朴真诚、热情好客。）

_____

_____

_____

活动二：深度质疑

大家对文章还有这些疑问：（完成后小组交流）

（1）桃花源人为什么会来到桃花源？

_____

（2）桃花源人为什么皆叹惋？

_____

（3）渔人为什么不直接留下来？

_____

（4）渔人做了记号，为什么找不到桃花源？

_____

（5）桃花源真的存在吗？

_____

活动三：共研评价

小组讨论：为什么说桃花源是当时的理想社会？我们今天应如何评价？

（明确：作者虚构的世外桃源，是与作者所处的现实社会相对照的，那里景色优美、资源丰富、民风淳朴；那里没有剥削，没有压迫，人人安居乐业，彼此和睦相处。这个理想在一定程度上反映了广大人民的愿望，但在当时的情况下，作者不可能想出改变现实的办法，因此这个理想是不可能实现的。）

_____

_____

活动四：修正诠释

生活在东晋的陶渊明描绘了这样一个美好的境界，实际上却是并不存在的。生活在今天的你们，虽然已经拥有了美好幸福的生活，但一定对明天有着更为美好的憧憬。你希望自己生活的未来社会是什么样的呢？请用美丽的语言加以描绘。

参考题：我心中的世外桃源。

_____

_____

_____

_____

课堂小结：

陶渊明向往一种没有剥削与压迫的幸福美好生活，这是我们应该学习的。作为21世纪的青少年，更应树立一种远大的理想，将个人利益与社会的需要结合起来，才能无愧于这个时代，无愧于我们的民族。

布置作业

背诵课文。

欧阳修《醉翁亭记》（第一课时）导学案

深圳市坪山区教育科学研究管理中心　戴　月

深圳市坪山区博明学校　冯丽斯

教学目标

（1）积累文言词语。

（2）指导学生朗读，逐步加深对课文的理解，并熟读成诵。

教学重难点

积累文言词语；指导学生朗读，逐步加深对课文的理解，并熟读成诵。

课时安排

2课时。

教学过程

活动一：自我领悟

1. 作者简介

_____

2. 初读课文，读准字音

（1）感受骈句的韵律节奏。

（2）给画线的生字注音：

环滁（　　）　　　　壑（　　）　　　　琅琊（　　）

潺潺（　　）　　　　辄（　　）　　　　霏（　　）

暝（　　）　　　　　晦（　　）　　　　伛偻（　　）

肴（　　）　　　　　提携（　　）　　　蔌（　　）

酒洌（　　）　　　　觥筹（　　）　　　弈（　　）

翳（　　）　　　　　颓然（　　）

（3）自由朗读课文，边读边划分节奏。

活动二：深度质疑

1. 再读课文，疏通文义

（1）读课文，圈出你不会解释的字词。

（2）结合页下注释和工具书自行疏通文义，用线画出仍不解之处。

（3）教师助学。

2. 出示重点词，解释画线字词。

望之蔚然而深秀者：_____

有亭翼然而临于泉上者：_____

名之者谁：_____

醉翁之意不在酒：_____

野芳发而幽香：_____

佳木秀而繁阴：_____

伛偻提携：_____

宴酣之乐：_____

觥筹交错：_____

活动三：共研评价

1. 三读课文，读通文意

（1）学生以四人小组为单位，组内互助解疑。

（2）组内无法解决的疑问，全班交流解决。

（3）学生在理解文意的基础上，熟读成诵。

2. 找出变成成语的短语

本文有一些短语已经变成了成语，在后世流传，将其找出来，说说它们在文中的含义及在现代汉语中语义的变化。

_____

_____

_____

_____

3. 找出带"然"的形容词

找出文中词尾带"然"的形容词，解释在本文中的含义，并罗列现代汉语中带有词尾"然"的形容词。

_____

_____

现代汉语中带有词尾"然"的形容词：_____

活动四：修正诠释

你来做导游，把醉翁亭介绍给游客。

要求：边读边提炼出醉翁亭的地理和人文信息。

（提示：提炼醉翁亭的"位置""造型""建造者""命名者""命名的原因""周围的环境""当年的历史"等有效信息。）

_____

_____

布置作业

背诵课文。

欧阳修《醉翁亭记》（第一课时）教学设计

深圳市坪山区教育科学研究管理中心　戴 月

深圳市坪山区博明学校　冯丽斯

教学目标

（1）积累文言词语。

（2）指导学生朗读，逐步加深对课文的理解，并熟读成诵。

教学重难点

积累文言词语；指导学生朗读，逐步加深对课文的理解，并熟读成诵。

课时安排

2课时。

教学过程

活动一：自我领悟

1. 作者简介及作品背景

（1）针对收集的作者简介相关信息，同学间展开交流，老师做适时补充。

（2）老师投影出示作品的背景。

2. 初读课文，读准字音

（1）感受骈句的韵律节奏。

（多媒体播放优美的山水画，播放课文朗读，学生边欣赏画面边听读，感受骈句的节奏美、韵律美。）

（2）纠正读音：

环滁（chú）	壑（hè）	琅琊（láng yá）
潺潺（chán）	辄（zhé）	霏（fēi）
暝（míng）	晦（huì）	伛偻（yǔ lǚ）
肴（yáo）	提携（xié）	蔌（sù）
酒洌（liè）	觥筹（gōng）	弈（yì）
翳（yì）	颓然（tuí）	

（3）自由朗读课文，边读边划分节奏。

活动二：深度质疑

1. 再读课文，疏通文义。

（1）读课文，圈出你不会解释的字词。

（2）结合页下注释和工具书自行疏通文义，用线画出仍不解之处。

（3）教师助学。

2. 出示重点词，解释画线字词。

望之蔚然而深秀者：＿＿＿＿＿＿＿＿＿＿＿＿＿＿＿＿＿＿＿

有亭翼然而临于泉上者：＿＿＿＿＿＿＿＿＿＿＿＿＿＿＿＿＿

名之者谁：＿＿＿＿＿＿＿＿＿＿＿＿＿＿＿＿＿＿＿＿＿＿＿

醉翁之意不在酒：＿＿＿＿＿＿＿＿＿＿＿＿＿＿＿＿＿＿＿＿

野芳发而幽香：＿＿＿＿＿＿＿＿＿＿＿＿＿＿＿＿＿＿＿＿＿

佳木秀而繁阴：＿＿＿＿＿＿＿＿＿＿＿＿＿＿＿＿＿＿＿＿＿

伛偻提携：＿＿＿＿＿＿＿＿＿＿＿＿＿＿＿＿＿＿＿＿＿＿＿

宴酣之乐：＿＿＿＿＿＿＿＿＿＿＿＿＿＿＿＿＿＿＿＿＿＿＿

觥筹交错：＿＿＿＿＿＿＿＿＿＿＿＿＿＿＿＿＿＿＿＿＿＿＿

活动三：共研评价

1. 三读课文，读通文义

（1）学生以四人小组为单位，组内互助解疑。

（2）组内无法解决的疑问，全班交流解决。

（3）学生在理解文意的基础上，熟读成诵。

2. 找出变成成语的短语

本文有一些短语已经变成了成语，在后世流传，将其找出来，说说它们在文中的含义及在现代汉语中语义的变化。

找出的成语："峰回路转""水落石出""觥筹交错""醉翁之意不在酒"。

学生交流后需明确：

（1）水落石出：水落下去，石头就露出来，比喻真相大白。

（2）觥筹交错：酒杯和酒筹交互错杂。形容很多人相聚吃饭、饮酒的热闹场景。

（3）峰回路转：山势回环，路也跟着拐弯。形容山水名胜路径曲折复杂。

（4）醉翁之意不在酒：醉翁的兴趣并不在于喝酒。形容人别有意图，言在此而意在彼。

3. 找出带"然"的形容词

找出文中词尾带"然"的形容词，解释在本文中的含义，并罗列现代汉语中带有词尾"然"的形容词。

学生交流后明确以下词语的含义：

（1）蔚然：茂盛的样子。

（2）翼然：像鸟张开翅膀的样子。

（3）杂然：错杂的样子。

（4）颓然：原意是精神不振的样子，这里形容醉醺醺的样子。

现代汉语中带有词尾"然"的形容词：欣然、茫然、嫣然……

活动四：修正诠释

你来做导游，把醉翁亭介绍给游客。

要求：边读边提炼出醉翁亭的地理和人文信息。

（提示：提炼醉翁亭的"位置""造型""建造者""命名者""命名的原因""周围的环境""当年的历史"等有效信息。）

📖 **课堂小结：**

通过这节课的学习，相信大家一定对醉翁亭有了初步印象。下节课我们带着这些印象继续解读这篇文章。

布置作业

背诵课文。

欧阳修《醉翁亭记》（第二课时）导学案

深圳市坪山区教育科学研究管理中心　戴　月

深圳市坪山区博明学校　冯丽斯

教学目标

（1）充分理解文中"乐"的含义。

（2）体会"与民同乐"的政治理想。

教学重难点

充分理解文中"乐"的含义；体会"与民同乐"的政治理想。

课时安排

2课时。

教学过程

活动一：自我领悟

1. 找"乐"

请同学们自由朗读课文，找一找文中包含"乐"字的句子。

_____

_____

2. 译"乐"

_____

_____

3. 思"乐"

读一读这些句子，说一说每一句描写的是何种乐趣，请用自己的话概括出来。

明确：

（1）山水之乐得之心而寓之酒也。

_____

（2）朝而往，暮而归，四时之景不同，而乐亦无穷也。

_____

（3）宴酣之乐非丝非竹，射者中，弈者胜，觥筹交错，起坐而喧哗者，众宾观也。

_____

（4）树林阴翳，鸣声上下，游人去而禽鸟乐也。

_____

（5）然而禽鸟知山林之乐，而不知人之乐；人知从太守游而乐，而不知太守之乐其乐也。

_____

活动二：深度质疑

如何理解"太守之乐其乐"？

提示：太守因何而乐？

_____

活动三：共研评价

小组内首先交流自己概括出的太守之"乐"，然后将交流成果在全班进行分享，最后为师生点评环节。

预设：

（1）太守，众宾为何而"乐"？

_____

_____

（2）滁人欢乐情状全是从太守眼中看出的。从写滁州百姓之乐中间，可以体会出什么内涵，其中包括太守之"乐"吗？

_____

_____

活动四：自我诠释

什么样的"乐"才是中国士大夫所向往的？以欧阳修、范仲淹的生活态度为例进行讨论，对我们有什么启发？

在封建社会，很多文人骚客面对自己的生活和遭遇，面对社会现实，或愤世嫉俗，退隐江湖，超然世外；或"在其位，谋其政；不在其位，不谋其政"；或进退皆忧，以天下为己任。欧阳修因支持范仲淹的政治革新，屡遭嫉恨，被贬官滁州。《醉翁亭记》就是他任滁州太守时写的。他仕途坎坷，有志难伸，于是寄情山水，与民同乐。《岳阳楼记》则表现范仲淹的人生追求。他忧时伤世，脱俗超凡，倡导"不以物喜，不以己悲"，忧天下所忧，乐天下所乐。

_____

_____

欧阳修《醉翁亭记》（第二课时）教学设计

深圳市坪山区博明学校　冯丽斯

教学目标

（1）充分理解文中"乐"的含义。

（2）体会"与民同乐"的政治理想。

教学重难点

充分理解文中"乐"的含义；体会"与民同乐"的政治理想。

课时安排

2课时。

教学过程

导入：

上节课，我们知道了欧阳修被贬为滁州太守后，心情郁闷，他经常去滁州西南的琅琊山饮酒抒怀，并与山寺内的住持智仙和尚结为莫逆之交。智仙和尚为方便好友游访，便在半山腰修建了一座亭子，供欧阳修休息、饮酒。欧阳修用自己的别号"醉翁"为这座亭子命名。后来，便写了这篇《醉翁亭记》。

活动一：自我领悟

1. 找"乐"

请自由朗读课文，自己找一找文中包含"乐"字的句子。

学生读书时，教师展示板书内容：课题、作者（《醉翁亭记》，欧阳修）。

明确：

（1）山水之乐得之心而寓之酒也。

（2）朝而往，暮而归，四时之景不同，而乐亦无穷也。

（3）宴酣之乐非丝非竹，射者中，弈者胜，觥筹交错，起坐而喧哗者，众宾观也。

（4）树林阴翳，鸣声上下，游人去而禽鸟乐也。

（5）然而禽鸟知山林之乐，而不知人之乐；人知从太守游而乐，而不知太守之乐其乐也。

2. 译"乐"

自己尝试着翻译这些句子，不会的可借助工具书找出答案。如果通过自己查找还不会的请做好标记。

3. 思"乐"

读一读这些句子，说一说每一句描写的是何种乐趣，请用自己的话将其概括出来。

明确：

（1）山水之乐得之心而寓之酒也。——山水之乐。

（2）朝而往，暮而归，四时之景不同，而乐亦无穷也。——山水之乐。

（3）宴酣之乐非丝非竹，射者中，弈者胜，觥筹交错，起坐而喧哗者，众宾观也。——宴酣之乐。

（4）树林阴翳，鸣声上下，游人去而禽鸟乐也。——禽鸟之乐。

（5）然而禽鸟知山林之乐，而不知人之乐；人知从太守游而乐，而不知太守之乐其乐也。——太守之乐。

活动二：深度质疑

如何理解"太守之乐其乐"？

提示：太守因何而乐？（如学生答不出，可补充行文背景，即作者被贬滁州后，寄情山水，以作此文。）

教师引导学生充分思考，建议教学时提示学生做好批注。

活动三：共研评价

小组内交流自己概括出的太守之"乐"，并在全班进行分享，最后为师生点评环节。

预设：

（1）太守，众宾为何而"乐"？

太守：山水之乐，宴酣之乐，与民同乐。

众宾客：从太守游而乐。

（2）滁人欢乐情状全是从太守眼中看出的。从写滁州百姓之乐中间，可以体会出什么内涵，其中包括太守之乐吗？

享受"山水之乐"的不仅有太守及其宾客，还有滁州的百姓，一州之人，人人都可以纵情山水。"滁人游"写得有声有色——有歌声和呼应声，有负者和行者，有老人和孩子，百姓如此兴高采烈地出游，是因为生活安定富足，而这又跟太守励精图治有关。太守为此而乐，也能与民同乐而乐。这是作者的政治理想。

（3）学生答出太守因百姓而"乐其乐"时，适时的补入材料，帮助学生体会欧阳修"与民同乐"的政治思想和旷达胸襟。

只有乐其乐——"与民同乐"才是最高层次的乐。进而点明太守不仅乐于山水，更重要的在于与民同乐这一文章主旨，也含蓄地表明了作者的政治理想和抱负。

"太守之乐其乐"是点睛之笔。作者在这里含蓄地抒发了自己复杂的感情，既包含排遣郁闷的欢乐，也包含看到自己的政绩——政通人和后的欣慰。

"太守之乐其乐"是作者"与民同乐"的政治理想的反映。

活动四：自我诠释

什么样的"乐"才是中国士大夫所向往的？以欧阳修、范仲淹的生活态度为例讨论，这对我们有什么启发？

在封建社会，很多文人骚客面对自己的生活和遭遇，面对社会现实，或愤世嫉俗，退隐江湖，超然世外；或"在其位，谋其政；不在其位，不谋其政"；或进退皆忧，以天下为己任。欧阳修因支持范仲淹的政治革新，屡遭嫉恨，被贬官滁州。《醉翁亭记》就是欧阳修任滁州太守时写的。他仕途坎坷，有志难伸，于是寄情山水，与民同乐。《岳阳楼记》则表现范仲淹的人生追求。他忧时伤世，脱俗超凡，倡导"不以物喜，不以己悲"，忧天下所忧，乐天下所乐。

参考：具有宽厚仁爱之心和济世情怀的人生是美丽的，人生在世应有社会责任感。

议论文

梁启超《最苦与最乐》导学案

深圳市坪山区博明学校　冯丽斯

教学目标

（1）引导学生理清思路，从论述中理解文章的中心论点。

（2）引导学生学习文章的论证方法。

（3）领会作者对人生价值的思考，树立对家庭、社会、国家的责任感。

教学重难点

引导学生理清思路，从论述中理解文章的中心论点；引导学生学习文章的论证方法；领会作者对人生价值的思考，树立对家庭、社会、国家的责任感。

课时安排

1课时。

教学过程

活动一：自我领悟

1. 请同学们自主阅读课文，然后填写以下空格，填写后互相交流订正

_____是人生最大的痛苦，_____是人生最大的快乐，人生_____，而不能_____。

2. 根据答案再次讨论，理清课文结构，从而明确文章可以分为三部分

第一部分（　　自然段）＿＿＿＿＿＿＿＿＿＿＿＿＿＿＿＿＿＿＿

第二部分（　　自然段）＿＿＿＿＿＿＿＿＿＿＿＿＿＿＿＿＿＿＿

第三部分（　　自然段）＿＿＿＿＿＿＿＿＿＿＿＿＿＿＿＿＿＿＿

3. 请你用简洁的语言概括作者的观点，完成下面的思维导图

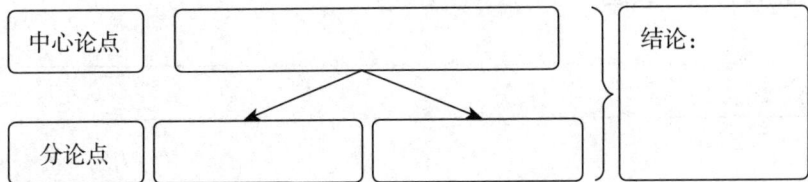

活动二：深度质疑

1. 谈"最苦"

作者在论证"身上背着一种未了的责任"最苦时，运用了什么论证方法？论证得出什么道理？

知识链接论证方法：

举例论证：列举确凿、充分、有代表性的事例证明论点。

道理论证（引用论证）：用经典著作中的精辟见解、古今中外名人的名言警句以及人们公认的定理公式等来证明论点。

比喻论证：用人们熟知的事物做比喻来证明论点。

对比论证：拿正反两方面的论点或论据做对比，在对比中证明论点（正面论证、反面论证）。

小组讨论，完成以下表格：

材料依据（可用原文语句）	论证	道理
	对比论证（正面论证）	
该做的事没有做完，便像是有几千斤重担子压在肩头		

2. 论"最乐"

（1）什么事最快乐呢？

_____

（2）作者在论证"责任完了，算是人生第一件乐事"时，运用了什么论证方法？论证得出什么道理？

_____

_____

活动三：共研评价

（1）当责任走来时，作者认为我们应该如何对待？为什么？找出文中句子加以说明。

作者认为我们应该：_____

文中句子：_____

_____

_____

（2）文章的题目叫作"最苦与最乐"，学生讨论后回答：最后一段中的哪些句子分别呼应了"最苦"和"最乐"？

_____

_____

活动四：修正诠释

人生须知负责任的苦处，才能知道尽责任的乐趣。作为中学生的我们应负有怎样的责任？你从尽责中体会到快乐了吗？

作为学生：_____

作为子女：_____

作为公民：_____

布置作业

写小作文。

细翻自己人生的日记，想必有许多事令你痛苦或快乐，请结合实际生活经验，谈谈自己对苦与乐的认识，要求字数为200左右。

梁启超《最苦与最乐》教学设计（1）

深圳市坪山区博明学校　冯丽斯

教学目标

（1）引导学生理清思路，从论述中理解文章的中心论点。

（2）引导学生学习文章的论证方法。

（3）领会作者对人生价值的思考，树立对家庭、社会、国家的责任感。

教学重难点

引导学生理清思路，从论述中理解文章的中心论点；引导学生学习文章的论证方法；领会作者对人生价值的思考，树立对家庭、社会、国家的责任感。

课时安排

1课时。

教学过程

导入：

每个人对于痛苦和快乐都有不同的理解，在你的心目中，什么是"最苦"？什么是"最乐"？（学生畅所欲言。）

刚刚，我们都谈了"最苦""最乐"的看法，那么今天，我们来听听饮冰室主人——梁启超的观点，看看他认为什么是"最苦"，什么是"最乐"。

活动一：自我领悟

1. 请同学们自主阅读课文，然后填写以下空格，填写后互相交流订正

_____是人生最大的痛苦，_____是人生最大的快乐，

人生_____，而不能_____。

2. 根据答案再次讨论，理清课文结构，从而明确文章可以分为三部分

第一部分（第1～3自然段）论述"负责任是人生最大的痛苦"。

第二部分（第4自然段）论述"尽责任是人生最大的快乐"。

第三部分（第5～6自然段）论述"人生当勇于负责任，而不能逃避责任"。

3. 请你用简洁的语言概括出作者的观点，完成下面的思维导图

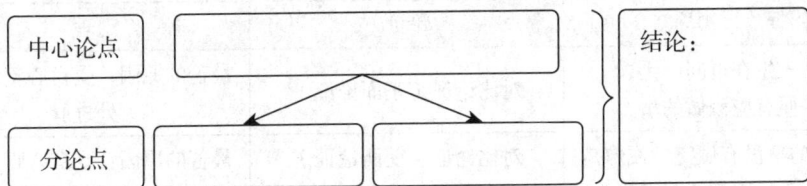

```
┌──────────┐   ┌────────────────────┐        ┌──────────┐
│ 中心论点  │   │                    │  ╲     │ 结论：    │
└──────────┘   └────────────────────┘   ╲    │          │
                     ╱    ↓    ↘           ╲  └──────────┘
                   ↙              ↘         │
┌──────────┐   ┌───────────┐  ┌───────────┐│
│ 分论点    │   │           │  │           ││
└──────────┘   └───────────┘  └───────────┘╱
```

活动二：深度质疑

1. 谈"最苦"

（1）作者使用设问"人生什么事最苦呢"开头，接着然后提到了哪些事？这些事是最苦的吗？

贫 → 知足；失意 → 安分；老死 → 达观。

作者认为它们可以从心态上、观念上去排解。

（2）接着作者顺势提出自己的见解：人生什么事最苦呢？请用原文回答。

明确：我说人生最苦的事，莫过于身上背着一种未了的责任。

（3）作者在论证"身上背着一种未了的责任"最苦时，运用了什么论证方法？论证得出什么道理？

知识链接论证方法：

举例论证：列举确凿、充分、有代表性的事例证明论点。

道理论证（引用论证）：用经典著作中的精辟见解、古今中外名人的名言警句以及人们公认的定理公式等来证明论点。

比喻论证：用人们熟知的事物做比喻来证明论点。

对比论证：拿正反两方面的论点或论据做对比，在对比中证明论点（正面论证、反面论证）。

小组讨论，完成以下表格：

材料依据（可用原文语句）	论证	道理
	对比论证（正面论证）	
该做的事没有做完，便像是有几千斤重担子压在肩头		

材料依据（可用原文语句）	论证	道理
凡人生在世间一天，便有应该做的事	对比论证（正面论证）	最苦的原因：受良心责备，无处逃躲
该做的事没有做完，便像是有几千斤重担子压在肩头	对比论证（反面论证）比喻论证	最苦的原因：受良心责备，无处逃躲
举例：个人对他人的责任（承诺未完、欠人钱、受人恩惠、得罪人等）延伸：对家庭、社会、国家，乃至于对自己	举例论证	"良心"的监督、时时刻刻、至死不渝、这种"苦"，无法排解，也不能逃躲

2. 论"最乐"

（1）什么事最快乐呢？

明确：责任完了，算是人生第一件乐事。

（2）作者在论证责任完了，算是人生第一件乐事时，运用了什么论证方法？论证得出什么道理？

活动三：共研评价

（1）当责任走来时，作者认为我们应该如何对待？为什么？找出文中句子加以说明。

_____

_____

（2）文章的题目叫作"最苦与最乐"，学生讨论后回答：最后一段的哪些句子分别呼应了"最苦"和"最乐"？

活动四：修正诠释

人生须知负责任的苦处，才能知道尽责任的乐趣。作为中学生的我们应负有怎样的责任？你从尽责中体会到快乐了吗？

作为学生：_____

作为子女：_____

作为公民：_____

📖 **课堂小结：**

在人生的旅途上，尽管人人盼望快乐，无人喜欢忧伤，但快乐和忧伤本是一对孪生姐妹，永远伴随着我们在生活的舞台上。我们学习知识也是如此，为了那眼花缭乱的"数字迷宫"而呕心沥血，为了那另人心痛的作文而费尽心思。这些表面上看确实辛苦，然而在辛苦的另一端，迎接我们的将是一串串欢乐的音符。

布置作业

写小作文：

细翻自己人生的日记，想必有许多事令你感到痛苦或快乐，请结合实际生活经验，谈谈自己对苦与乐的认识，要求字数为200左右。

梁启超《最苦与最乐》教学设计（2）

深圳市坪山区实验学校　谭喜梅

教学目标

（1）引导学生理清全文的行文思路，分清观点和材料，为培养严密的思维能力和进一步学习议论文知识做准备。

（2）引导学生理解作者是如何用事例和道理来阐明观点的。

（3）引导学生结合自身体验深入领悟"最苦"与"最乐"的内涵，培养对人生尽责任的价值观。

教学重难点

在自主学习与合作探究中，学会辨析文章的观点和材料，理解作者运用事例和道理阐明观点的思路，为进一步的议论文学习和提升思维能力做准备。

课时安排

1课时。

教学过程

导入：

同学们，生活中总有许多令人苦恼和开心的事情，你认为"最苦"和"最乐"的事情分别是什么呢？请和大家分享一下你的看法。（学生自由表达，分享自己的观点。）

今天，老师要来和大家一起分享的是梁启超先生的《最苦与最乐》，看看他所说的"最苦"与"最乐"是否能引起你的共鸣。

活动一：自我领悟

1. 学生读课文

圈点勾画出相关信息，重点思考以下问题：

（1）作者认为什么是"最苦"，什么是"最乐"？

（2）梳理结构，尝试给课文分段并想想分段的理由。

明确：背责任，最苦；尽责任，最乐。

第一段（第1~3自然段）：作者认为最苦的是身上背负着责任。

第二段（第4~5自然段）：作者认为完成责任是最快乐的事。

第三段（第6自然段）：得出结论——责任不可推卸，尽多大责任就会得到多大快乐。

教师点拨：

在议论文中，作者的观点叫作"论点"。一篇文章可以有多个论点，其中有一个最主要的、统领其他论点的叫作"中心论点"；其余的叫作"分论点"。（投影出示中心论点和分论点的含义，学生初识议论文的论点。）

（3）学生读课文，独立思考。

根据文章结构的梳理，你知道本文的中心论点是什么吗？它统领着哪些分论点呢？

明确：

分论点1：未尽责任是最苦。

分论点2：尽了责任是最乐。

中心论点：未尽责任是最苦，尽了责任是最乐。

结论：责任不可推卸，尽多大责任就会得到多大快乐。

活动二：深度质疑

（1）文中运用了哪些材料来论述各论点？

（2）文中是怎样运用这些材料来进行论述的？

活动三：共研评价

1.小组发言

小组内合作，集体交流，小组代表发言。

2.讨论后点拨明确

（1）论述的材料叫"论据"。文中举出的事例叫作"举例论据"，引用的名人名言及观点叫作"道理论据"。

（2）在汇报交流中明确文中出现的论证方法，并通过投影出示相关文段，让学生在辨析中理解作者是怎样运用事例和道理来进行论证的。

例如，文中举出的例子"答应人办一件事没有办……"属于举例论证。

孟子所说"君子有终身之忧"等处属于道理论证。

3.总 结

在议论文中，为了增强文章的说服力，常常会运用到多种论证方法。（投影出示四种论证方法的作用，提醒学生结合实例进一步感知。）

活动四：修正诠释

"甘愿做，欢喜受"，勇担责任亦是敬业，尽了责任是否就是乐业呢？请读一读梁启超先生的《敬业与乐业》，找出文中的中心论点，并选择一处论证方法的运用，说说这样运用的好处。

🌸 **板书设计**

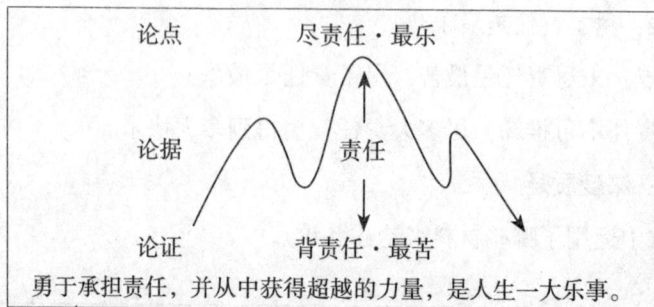

勇于承担责任，并从中获得超越的力量，是人生一大乐事。

莫泊桑《我的叔叔于勒》导学案

深圳市坪山区博明学校　冯丽斯

教学目标

（1）准确梳理小说的故事情节，理解主题思想。

（2）从多角度分析人物形象，把握人物的性格特点。

教学重难点

准确梳理小说的故事情节，理解主题思想；从多角度分析人物形象，把握人物的性格特点。

课时安排

1课时。

教学过程

活动一：自我领悟

1. 了解作者和写作背景

作者的生平：＿＿＿＿＿＿＿＿＿＿＿＿＿＿＿＿＿＿＿＿＿＿＿＿

＿＿＿＿＿＿＿＿＿＿＿＿＿＿＿＿＿＿＿＿＿＿＿＿＿＿＿＿＿＿

＿＿＿＿＿＿＿＿＿＿＿＿＿＿＿＿＿＿＿＿＿＿＿＿＿＿＿＿＿＿

＿＿＿＿＿＿＿＿＿＿＿＿＿＿＿＿＿＿＿＿＿＿＿＿＿＿＿＿＿＿

2. 初读课文，读准字音

给下面画线的字注音。

拮据（　　　）　　　　栈桥（　　　）　　　　煞白（　　　）

撬开（　　　）　　　　诧异（　　　）　　　　牡蛎（　　　）

别墅（　　　）　　　　皱纹（　　　）　　　　褴褛（　　　）

阔绰（　　　）　　　　女婿（　　　）　　　　嘟哝（　　　）

3. 自由朗读，梳理故事情节

（1）小说围绕菲利普夫妇对于勒态度的变化，讲述了一个曲折的故事，试根据下面的提示，从不同角度梳理课文的故事情节。

①开端 → 发展 → 高潮 → 结局（情节）。

_____

②原因 → 结果（逻辑）。

_____

③期待 → 破灭（心理）。

_____

④悬念 → 结果（技巧）。

_____

（2）菲利普夫妇一家为什么盼望于勒回来？

_____

_____

活动二：深度质疑

（1）跳读课文，画出全家人对于勒的不同称呼。

_____

（2）以四人为一组讨论：为什么会有如此不同的称呼？

_____

（3）称呼中体现出菲利普夫妇对于勒态度发生了什么变化？

_____

活动三：共研评价

1. 分析人物性格，探讨描写方法（通过人物的描写，细细品味）

（1）我眼中的菲利普夫妇。

举例："这封信成了我们家里的福音书，有机会就拿出来念，见人就拿出来给他看。"运用细节描写揭示菲利普夫妇欣喜若狂、急于向人炫耀的心理和虚荣的性格。

_____

_____

_____

（2）我眼中的于勒。

_____

_____

（3）我眼中的若瑟夫。

_____

_____

2. 分析原因

小说的结局是菲利普夫妇躲开了日夜盼望的于勒，这是什么原因？

_____

_____

3. 小组讨论：如何看待人物

（1）你觉得于勒值得同情吗？为什么？

_____

_____

（2）你如何看待菲利普夫妇？

_____

_____

活动四：修正诠释

（1）想象一下，假如菲利普夫妇在船上遇见已经变成百万富翁的于勒，他们会有怎样的表现呢？试写一个300字左右的片段。

_____

_____

_____

_____

_____

_____

_____

_____

_____

（2）学完这篇课文后，你有什么感触？

_____

_____

_____

_____

莫泊桑《我的叔叔于勒》教学设计

深圳市坪山区博明学校　冯丽斯

教学目标

（1）准确梳理小说的故事情节，理解主题思想。

（2）从多角度分析人物形象，把握人物的性格特点。

教学重难点

准确梳理小说的故事情节，理解主题思想；从多角度分析人物形象，把握人物的性格特点。

课时安排

1课时。

教学过程

导入：

每周日，家住哈佛尔的菲利普一家都要衣冠整齐地到海边栈桥上去散步，那时候只要一看到从远方回来的大海船开进港口来，菲利普总要说他那句永不更变的话："唉！如果于勒竟在这只船上，那会叫人多么惊喜呀！"

师：那么于勒是谁呢？（书中原句：于勒是我的叔叔，父亲的弟弟，我的亲叔叔。点明了于勒与我们一家的血缘关系。）

过渡：为什么全家都那么盼望他回来？接下来我们一起进入作者莫泊桑的小说《我的叔叔于勒》中寻找答案。

活动一：自我领悟

1. 了解作者和写作背景

课前学生预习，由学生介绍，老师出示PPT补充相关资料。

2. 初读课文，读准字音

拮据（jié jū）	栈桥（zhàn）	煞白（shà）
撬开（qiào）	诧异（chà）	牡蛎（mǔ lì）
别墅（shù）	皱纹（zhòu）	褴褛（lán lǚ）
阔绰（chuò）	女婿（xù）	嘟哝（dū nong）

3. 自由朗读，梳理故事情节

（1）小说围绕菲利普夫妇对于勒态度的变化，讲述了一个曲折的故事，试根据下面的提示，从不同角度梳理课文的故事情节。

①开端 → 发展 → 高潮 → 结局（情节）。

②原因 → 结果（逻辑）。

③期待 → 破灭（心理）。

④悬念 → 结果（技巧）。

（2）菲利普夫妇一家为什么盼望于勒回来？

_____

_____

活动二：深度质疑

（1）跳读课文，画出全家人对于勒的不同称呼。

_____

（2）以四人为一组讨论：为什么全家人会对于勒有如此不同的称呼？

（3）称呼中体现出菲利普夫妇对于勒态度发生了什么变化？

_____

活动三：共研评价

1. 分析人物性格，探讨描写方法

（1）我眼中的菲利普夫妇。

_____

_____

（2）我眼中的于勒。

_____

_____

（3）我眼中的若瑟夫。

（通过对人物的描写，细细品味。）

_____

_____

2. 分析原因

小说的结局是菲利普夫妇躲开了日夜盼望的于勒，这是什么原因？

_____

_____

3. 小组讨论：如何看待人物

（1）你觉得于勒值得同情吗？为什么？

_____

_____

（2）你如何看待菲利普夫妇？

_____

_____

活动四：修正诠释

（1）想象一下，假如菲利普夫妇在船上遇见已经变成百万富翁的于勒，他们会有怎样的表现呢？试写一个300字左右的片段。

_____

_____

_____

_____

_____

_____

_____

_____

_____

_____

（2）学完这篇课文后，你有什么感触？

_____

_____

_____

_____

伊索《赫耳墨斯和雕像者》导学案

深圳市坪山区同心外国语学校　潘文明

教学目标

（1）了解寓言故事情节，体味蕴含在寓言中的寓意。

（2）多角度提炼寓意，培养学生的发散性思维。

（3）展开联想和想象，续写寓言，领悟生活哲理。

教学重难点

把握寓言故事情节，体味蕴含在寓言中的寓意；多角度提炼寓意，培养学生的发散性思维；展开联想和想象，续写寓言，领悟生活哲理。

课时安排

1课时。

教学过程

活动一：自我领悟

根据预习填空：

寓言是用_____的故事，寄寓意味深长的_____，给人以启示。寓言故事的主人翁可以是人，也可以是_____或者_____，阅读寓言，要注意领会故事的_____。

活动二：深度质疑

（1）了解宙斯、赫拉、赫耳墨斯三者之间的关系。

_____

_____

（2）找出这则故事（即"言"）的核心主干。

谁？——做什么？

_____

_____

（3）你还有哪些疑问没有解决？

_____

_____

活动三：共研评价

（1）赫耳墨斯来到人间的目的是什么？表现了他什么样的性格特征？

_____

_____

（2）赫耳墨斯听到宙斯的雕像值一个银元，又笑着问道。他为什么"笑"？

_____

_____

（3）后来，赫耳墨斯看见自己的雕像，心想他身为神使，又是商人的庇护神，人们对他会更尊重些。这个想法表明了什么？

_____

_____

（4）提问：当赫耳墨斯听到雕像者的回答"假如你买了那两个，这个算饶头，白送"会有什么样的反应？

_____

_____

（5）请根据人物特点为人物语言加上修饰词，并演读。故事场景设置为商店有何用意？

赫耳墨斯：_____问道："值多少钱？"（宙斯的雕像）

雕像者说："一个银元。"

赫耳墨斯又_____笑着问道："赫拉的雕像值多少钱？"

雕像者说："还要贵一点。"

赫耳墨斯：_____问道："这个值多少钱？"（自己的雕像）

雕像者说："假如你买了那两个，这个算饶头，白送。"

活动四：修正诠释

（1）除了爱慕虚荣外，你还可以用哪些成语或短语评价赫耳墨斯？

_____

_____

（2）在寓言的最后往往用一句精练的话点明寓意，你会怎样总结？

_____

_____

（3）发挥想象，续写故事。

赫耳墨斯听说自己的雕像只能算"饶头，白送"后，内心是怎么想的？他会说些什么？又会做些什么呢？发挥想象，为这则寓言续写一个结尾。（提示：情节要合理具体，情节与寓意要一致，寓意能揭示一种生活道理。）

_____

_____

伊索《赫耳墨斯和雕像者》教学设计

深圳市坪山区同心外国语学校　潘文明

教学目标

（1）了解寓言故事情节，体味蕴含在寓言中的寓意。

（2）从多角度提炼寓意，培养学生的发散性思维。

（3）展开联想和想象，续写寓言，领悟生活哲理。

教学重难点

把握寓言故事情节，体味蕴含在寓言中的寓意；从多角度提炼寓意，培养学生的发散性思维；展开联想和想象，续写寓言，领悟生活哲理。

课时安排

1课时。

教学过程

活动一：自我领悟

1. 导　入

投影展示《乌鸦和狐狸》的故事。

2. 总 结

寓言就是寓意于言：

言——假托的故事。

寓——寄寓的深意。

活动二：深度质疑

大声朗读课文完成以下两个任务：

（1）了解宙斯、赫拉、赫耳墨斯三者之间的关系。

（2）找出这则故事（即"言"）的核心主干。

谁？——做什么？

_____

_____

活动三：共研评价

根据人物特点为人物语言加上修饰词，并将故事场景设置为商店为何用意？

提示：赫耳墨斯是商业神，来到自己掌管的地盘后，发现自己一文不值，这说明了什么？

赫耳墨斯为什么先问宙斯和赫拉的价钱？"笑着问道"中的笑背后的内心在想什么？应该是什么语气？

赫耳墨斯：_____问道："值多少钱？"（宙斯的雕像）

雕像者说："一个银元。"

赫耳墨斯又_____笑着问道："赫拉的雕像值多少钱？"

雕像者说："还要贵一点。"

赫耳墨斯：_____问道："这个值多少钱？"（自己的雕像）

雕像者说："假如你买了那两个，这个算饶头，白送。"

活动四：修正诠释

（1）除了爱慕虚荣外，你还可以用哪些成语或短语评价赫耳墨斯？

_____

_____

（2）多角度提炼寓言寓意。

先总结"《伊索寓言》就是通过一个个形象生动的故事得出道理的，在寓言的最后往往用一句精练的话点名寓意。"以启发学生要多角度从故事中总结道理。如：

①人要有自知之明，需要对自己有一个清楚地认知。

②在一个岗位要尽到自己的责任。

③人的价值不是通过地位的高低决定的，而是看一个人为社会做了多少贡献。

④不被人重视的人不等于没有价值。

······

（3）发挥想象，续写故事。

①寓意来源于故事，如果故事的结尾不一样，寓言的寓意会不会改变呢？
思考：

赫耳墨斯听说自己的雕像只能算"饶头，白送"后，其内心是怎么想的？他会说些什么？又会做些什么呢？

_____

_____

_____

②请同学们发挥想象，为这则寓言续写一个结尾，并思考寓意是否发生了变化？这则故事说明：诚实的人会得到人们帮助，狡诈的人会遭到人们唾弃。

③总结：

寓言是一个"怪物"，当它朝你走来的时候，分明是一个故事，生动而活泼；而当它转身要走开的时候，却突然变成一个哲理，严肃而认真。希望同学们走进寓言时能看到生动活泼的故事，离开时能带走更多属于自己的体验。

板书设计

赫耳墨斯和雕像者
——《伊索寓言》

讽刺

尊重——饶头

自命不凡

尸位素餐

案例分析及授课反思

下篇

杨绛《老王》教学案例

深圳市坪山区同心外国语学校　潘文明

一、 语文审辨阅读教学设计思考

在本文教学设计上，力图体现审辨性，在阅读中提高综合素养，阅读教学应该以文本理解为基础，以问题探讨为引导，以语言活动为主要形式的阅读教学思想。同时，在设计本篇教学设计时，力求通过阅读基本策略：以文本理解为基础、以问题探讨为引导、以语言活动为主体来实现《老王》一文的阅读教学。

在本篇教学设计的思考上，紧紧追寻"人物的理解和审辨阅读方法的学习"这一教学内容。审辨阅读就是追求教师和学生之间、学生与学生之间相互激活、在阅读中引发学生的思考的教学方法，主要包括以下几点：

1. 精心选点——筛选一颗好种子

从这篇文章中，我筛选了文章最后一句话——"这是一个幸运者对不幸者的"愧怍"来引发学生思考为何"愧怍"，并在开篇进行开放式的语言练习：这是一个＿＿＿＿＿＿的杨绛对＿＿＿＿＿＿＿的老王的＿＿＿＿＿＿＿＿（情感）。

2. 分层连线——长成一棵粗壮的大树

通过对话老王来理解何为不幸，对话杨绛（作者）来深入理解何为幸运，对话文本来理解何为"愧怍"，进而使文章领起。在对话老王上，首先通过"最让我感动的是＿＿＿＿＿＿＿的老王，表现在＿＿＿＿＿＿＿＿。"句式来概括作者对老王的初步印象。然后通过词语、句子赏析老王的细节描写的形象特点来品悟老王。通过两个环节来进一步理解何为不幸。在对话作者上，通过谈面对老王的遭遇，作者一家表现如何，当善良的老王去世时，作者有什么感受，来引导学生思考作者对老王的情感，何为"愧怍"。在对话文本上，通过在那样的动乱年代，老王是不幸的，作者杨绛也饱经风霜，但是为什么说自己是"幸运的"？在此基础上引入背景、文学常识、杨绛其他文章《干校六记》中的话语，以引导学生思考何为幸运。最后进行语言练习：这是一个_____的杨绛对_____的老王的_____（情感）"来谈谈读完文章的体会。通过思考阅读教学的理念即审问、慎思、明辨、决断的过程体验，是情感互动和思想的碰撞。不仅在开篇尊重学生的原生体验，在文章理解过程中也尊重原生体验，并且通过思想、情感交流来引领学生思考深层次的情感。

3. 追求审辩——让大树枝繁叶茂

注意到阅读教学从学生的学习需求出发，让学生在感悟情感中理解文本。然后再出示杨绛和"文革"的背景来帮助学生理解何为幸运，以使文义深刻、思维激荡。

二、教学目标

1. 基础性目标

（1）我能通过查阅资料了解本课的基本文学常识。

（2）我能正确读对字音并用自己喜欢的方式对课文进行有感情地朗读。

（3）我能通过用"这是一个_____的杨绛对_____的老王的_____（情感）"来谈谈我的初读体会。

2. 拓展性目标

（1）读课文，总结老王是一个什么样的人呢？请同学们用"最让我感动的是_____的老王，表现在_____"句式来概括。

（2）课文中也采用了这种方法。作者对老王的哪件事写得最详细最感人？请结合词句进行批注式赏析，并与大家分享。

_____

_____

（3）理解作者的情感，体会"愧怍"的深层含义。

_____

_____

3. 挑战性目标

（1）在那样的动乱年代，老王是不幸的，作者杨绛也饱经风霜，但是为什么说自己是"幸运的"？

（2）我能再用"这是一个_____的杨绛对_____的老王的_____（情感）"来谈谈读完文章的体会，并且深刻理解这句话。

三、教学过程

活动一：自我领悟

1. 我能填写下列内容

（1）杨绛，_____人。作家，文学翻译家。少年时代先后在北京、上海、苏州等地读书。1931年于苏州东吴大学毕业，获文学学士学位；随即考入清华大学研究院，为外国语言文学研究生。1935年与_____结婚，是年夏季与钱钟书同赴英国、法国留学。1938年秋回国，曾任上海震旦女子文理学院外语系教授，业余从事创作。著有散文集《_____》《将饮茶》，长篇小说《_____》等。

（2）给画线文字注音：

惶<u>恐</u>（   ）　　　　<u>塌</u>（   ）败　　　　<u>镶</u>（   ）<u>嵌</u>（   ）

<u>伛</u>（   ）　　　　　　<u>翳</u>（   ）　　　　　<u>骷</u>（   ）<u>髅</u>（   ）

<u>绷</u>（   ）　　　　　　<u>攥</u>（   ）着　　　　<u>滞</u>（   ）笨

侮（　　）辱

（3）解释：

①伛：

②愧怍：

③滞笨：

2. 我能有感情地朗读课文

略。

3. 我能写出初读体会

通过用"这是一个_____的杨绛对_____的老王的_____（情感）。"来谈谈我的初读体会。

活动二：深度质疑

（学习方式：合作学习、展讲讨论。）

对话老王，感悟不幸。

1. 走进老王

读课文，总结老王是一个什么样的人呢？请同学们用"最让我感动的是_____的老王，表现在_____"句式来概括。

思考：共生式阅读教学追求阅读教学从学生的原初体验出发，虽然这个过程不仅体现在阅读的初级阶段和过程中，像在开篇让大家根据阅读和图像不仅是阅读教学的方向，也是对学生原初体验的尊重。通过语言活动引导学生再现文本内容，突破常规的"哭""善"，以启发学生思考更多关于人性疾苦和挖掘人性的闪光点。

例如：

（1）生活艰苦。明确：课文前四段主要介绍老王的基本情况。老王一辈子艰苦，靠一辆破旧的三轮车活命。"文革"期间，载客三轮车被取缔，他的生计就更加窘迫，只能凑合着打发日子。他打了一辈子光棍，孤苦伶仃。他住在荒僻的小胡同里，小屋破破烂烂的，眼睛又不好。这些说明他的生活之艰难。

（板书：生活上——条件艰苦）

（2）精神凄苦。从上文的分析中，我们了解到老王的处境艰难。有人说，

"生活苦不算苦，就怕心苦。"老王的心境如何呢？明确："失群落伍""单干户""没亲人""老实"——被人瞧不起，没人搭理……

（板书：精神上——内心凄苦）

（3）贫穷卑微……

（4）淳朴善良的……

2. 品悟老王（合作解决）

文中写了老王很多事，有些事一带而过，有些事却要具体写、详细写。这就是我们常说的"详写"和"略写"。那些最能体现人物性格的要详写，课文中也采用了这种方法。老王的哪件事写得最详细、最感人？请结合词句进行批注式赏析，并与大家分享（小组合作学习）。

思考： 在平时训练中，学生已经涉及关于词语、句子赏析的练习和指导。接下来这一环节，重点带领学生通过赏析字词和句子的方式，来感悟细节描写和词语的力量。设置目的：让学生能更加深刻地理解老王的形象。

（1）批注欣赏。主要引导学生找到细节描写，体味其中对老王的形神描写语句进行分析，以及在体现作者感情的字词上，引导学生重点理解"镶嵌""强笑""攥""直僵僵"等主要字词。

（2）适时引导。让学生思考把"镶嵌"换成"站"的效果，来进行语言练习。例如，"有一天，我在家听到打门，开门看见老王直僵僵地镶嵌在门框里。"引导学生体会这句话的动作描写。"直僵僵"表现老王最后一次登门时的身体虚弱，四肢不能灵活活动的样子。"镶嵌"突出老王像是门框上嵌入的一个器物一般瘦弱无力，身体僵直的形态，表明他的病已经很严重了，已经完全失去了力量和活力，行动已经不方便了。

活动三：共研评价

对话作者，感悟"愧怍"。

（1）面对老王的遭遇，作者一家表现如何？说说对文中"我们一家"的看法。

（2）当善良的老王去世时，作者有什么感受？

思考：引导学生理解作者的情感，体会"愧怍"的深层含义。

_____

_____

活动四：修正诠释

对话文本，感悟幸运。

（1）在那样的动乱年代，老王是不幸的，杨绛也饱经风霜，但是为什么说自己是"幸运的"？

思考：引入背景、文学常识、杨绛其他文章《干校六记》中的话语，在此基础上有效引导学生思考杨绛的"幸运"。

（2）请用"这是一个_____的杨绛对_____的老王的_____（情感）"来谈谈读完文章的体会。

思考：通过思考阅读教学的理念，即双方阅读体验、联想、评价交流，这是情感互动和思想的碰撞。不仅在开篇尊重学生的原生体验，在文章理解过程中也尊重原生体验，并且通过思想、情感交流来引领学生思考深层次的情感。

布置作业

（1）拓展性作业：《老王》是杨绛散文中较有特色的一篇。这种"特色"体现在许多方面，可谓仁者见仁。"以小见大"的写作手法是《老王》这篇文章最大的"特色"，那么，如何理解文中"以小见大"的写作手法呢？

（2）挑战性作业：请看杨绛的《干校六记》，在体会作者情感的基础上，请改写《老王》。

教学资源：

供同学们预习时参考。

1. 预备知识——写作艺术手法

（1）表达情感的语言方式（表达方式）。

用语言文字表情达意时，有一个方法或手段问题，人们习惯上将它称为表达方式。文章的表达方式有多种：记叙、说明、议论、抒情、描写。从语言的运用上看，每种文体都有一种主要的语言表达方式，表达文章的内容事物。说明文主要用说明的语言表达方式介绍事物；记叙文常用叙述、描写的语言表达方式写景、写人、记事；议论文则以议论为主，发表作者对某事、对某物的看法、态度等；诗歌散文则以抒情为主要的语言表达方式，凭借某事物抒发作者的主观感情。一篇文章里常常同时用几种不同的语言表达方式，每种形式都有其独特的表达效果。

（2）表现情感的写作手法鉴赏（表现手法）。

① 从广义上来讲，表现手法指的是作者在行文措辞和表达思想感情时所使用的特殊的语句组织方式。分析一篇作品，具体来说，可以由点到面地对其特殊表现方式进行捕捉。常用表现手法为：想象、联想、类比、象征、烘托、对比、渲染、修辞、抑扬、用典、以小见大等。

② 散文常用写作手法——以小见大。郁达夫说过："一粒沙里见世界，半瓣花上说人情。"刘勰在《文心雕龙·物色篇》里说："一叶且或迎意，虫声有足引心。"意思是说，一片树叶有时能触动人的心弦，一声虫鸣有时足以让人吃惊。散文的取材立意，往往体物入微，以小见大。善于从日常琐事中取材，给读者以新奇回味；善于在平凡生活中挖掘，表现出宏旨精义。所谓"以小见大"，即小处落笔，大处着眼，写小的事情，表现大的主题。这种手法，往往通过具体、平凡的小事、小物和有关细节材料的叙述描写，并加以适当抒情议论，透过细小的现象看本质，以阐明大的道理，深刻地揭示社会本质。例如，我们以前学过的《背影》通过小的背影，表现大的父爱。综上所述，你能分析下《老王》的写作手法吗？

2. 作家简介

杨绛：生于1911年，原名杨季康，原籍江苏无锡，生于北京。1932年毕业于苏州东吴大学，成为清华大学研究院外国语文学系研究生。1935至1938年与丈夫钱钟书一同留学英、法等国。回国后任北京大学文学研究所、中国社科院外国文学研究所研究员。1970年下放河南省息县干校在菜园劳动。1972年回到北京。"文革"后继续研究翻译外国文学，并从事散文创作。著有论文集《春泥集》、散文集《干校六记》和译著《堂·吉诃德》，其长篇小说《洗澡》与作家张炜的《古船》一同被列为第五届茅盾文学奖初选作品集，是当初被最为看好的获奖作品集，但最终因各种原因而遗憾地落选。

钱钟书：字默存，中国现代著名作家、学者。著有散文集《写在人生边上》、短篇小说集《人·兽·鬼》和《围城》。《围城》被认为是中国现代文学史上最优秀的作品之一，堪与茅盾《子夜》媲美的长篇小说。

3. 作品介绍

《老王》一文著于1984年。这是一篇回忆性文章，作者记叙了自己从前同老王交往中的几个生活片段。文章以"我"与老王的交往为线索，回忆了老王的几个生活片段，刻画了一个穷苦卑微但心地善良、老实厚道的"老王"形象，表达了作者一家对老王那样不幸者的关心、同情和尊重，提出了一个引人深思的问题：社会应该以人道主义精神来关心不幸者。

当时正是"文革"时期，杨绛夫妇在那个荒唐动乱的特殊年代里受了不少苦，被认为是"反动学术权威"，先后失去了女婿和女儿。但是任何歪风邪气对老王都没有丝毫影响，他照样尊重杨绛夫妇。由此，与老王的交往深深地印刻在杨绛的脑海之中……一般的知识分子经历了"文革"之后都会以自身的不幸去控诉。"同是天涯沦落人"，杨绛的散文中闪过时代的影子，使我们在这种大时代下看到老王的一颗金子般的心。善良别有一番意味，这种意味绝不仅仅是对善良的肯定，它包含着更为复杂的东西。写这篇文章的时候，已经度过了动乱年代，杨绛在追忆动乱年代遇到的这些善良的人们时更容易忽略苦难，而是看到苦难年代里人性的光辉。

4. 推荐阅读

《我们仨》一书告诉我们：人间不会有单纯的快乐，快乐总夹带着烦恼和忧伤；人间也没有永远，人生总在相守相助、相聚相失中完成。该书讲述了一个单纯温馨的家庭几十年平淡无奇、相守相助、相聚相失的经历。《干校六记》是杨绛创作的散文集，于1981年7月首度出版。《傻二哥》是作者新凤霞所写的一篇叙述文，通过描写傻二哥的勤劳、善良、乐观、助人等优秀品质，热情赞扬了那个时代所孕育的宝贵精神。《乞丐》是19世纪俄国批判现实主义作家屠格涅夫所著，它给人的启示是：世界上有一种爱是平等的，正如阳光，它不管俊美丑陋，不分高低贵贱，它总是将温暖播撒人间。

5. 文本解析

从"愧怍"探寻悲悯情怀

朱光潜说悲悯情怀是一种普遍的关注人性、人类生存状况的人道主义情怀。因此，解读"愧怍"情怀，需要关注底层百姓的生存困境。

杨绛曾说："我在上层是个零，和下层关系密切。"她历经"文革"，生活困窘，熟悉底层百姓的困顿生活，关注像老王一样的弱势群体，他们遭受着物质和精神的双重困境。就老王来说，他靠破三轮车谋生，但一个取缔三轮车的指令，可见当时社会对这些人的漠视。老王没有居所，没有亲人，又瞎了一只眼。一个缺亲少故的老人，道不尽的晚年凄凉。杨绛把目光投向于此，以引起更多人对这一弱势群体的同情和关怀，给予生活在底层人民更多的暖意。

一、挖掘人性中的善，彰显悲悯情怀

杨绛曾在《乌云与金边》中写道："乌云遮蔽的，倒是那一道含蕴着光和热的金边"，而老王正是"文革"乌云下的金边，给读者呈现了底层百姓的善。

老王就是一个善良、有同情心的人。老王送的冰大一倍，但是价格一样；送钱钟书去医院时坚决不要钱，而那个时候他并不知道钱先生的地位，只是因为他们是他的朋友。

二、"愧怍"中升华了悲悯情怀

古汉语字典对"愧怍"的解释是因为错误或缺点而产生不安。两人交往过程中，杨绛一直帮助老王，但是为什么又有"愧怍"呢？到底犯了什么错误或存在什么缺点？

一方面，"愧怍"源自心灵不平等的反省。

文章中多次能看见老王对钱家人的理解和照顾，拉钱钟书没有收钱，送冰也多一倍。老王住在一所破房子里，他自己说那不是家，只是居住在那里，说明他内心也是充满了对亲情温暖的渴望，而在生命的最后时刻还去看杨绛，把当年那个年代用钱都未必能买到的油和蛋送给杨绛。也许是因为杨绛在别人冷漠老王的时候，她们家还对其有过关心（比如说送鱼肝油，常坐他的车）；也许是因为当时特定的社会环境让老王更加感受不到亲情。不管怎么样，我们能看出，老王可谓是把杨绛视作亲人。

但是从杨绛的行为我们也能看出，杨绛的心理和老王是有一定距离的，并没有亲人般的关怀。从开始的时候和老王坐车只是"他蹬，我坐，常说闲话"，这能看出两个人还是有距离的。而且老王生病，她并没有去看望病中的老王。在老王去世前，面如死灰的老王给她送东西的时候，她也没有过多的接待和客套。而且得知老王死讯时，也没有多问。多年之后，杨绛心中每每想起与老王的接触，老王视自己为亲人，而自己却视他为普通朋友。对于有良知、具有人道主义情怀的杨绛来说，自己都感觉有点冷漠，又怎能不"愧怍"呢？

另一方面，心存同情又没有关乎心灵的"愧怍"。

说自己是个幸运的人，其实她也是那么的不幸。"文革"期间，杨绛遭受别人抽打，剃去半边头发。下放干校的时候，女婿被害死。而自称幸运，是因为20世纪80年代的时候已经对"文革"时的迫害有所释怀，同时更加深刻地感受到百姓的苦难。

杨绛在窘迫之时，老王能够真心地对待他们一家。而杨绛在物质上尽量地帮助老王。当老王在送鸡蛋油的时候，杨绛是用钱来领受谢意。而这些都是有距离的，带有对弱者的怜悯的色彩，实际上是伤害了老王渴求朋友、亲友的平等、尊重的心灵。而这种未曾体察老王心灵渴求，使作者更加"愧怍"。人已逝去，只有一个作家的反思。

多年后，这个善良的不幸者也促成了杨绛的精神升华——面对每一个不幸的人，我们都应该"愧怍"，如屈原般"哀民生之多艰"。

艾青《我爱这土地》教学案例

深圳市坪山区实验学校　谭喜梅

一、背 景

这首现代诗是九年级上册第一单元第二篇课文，既是诗歌单元的精读课文，也是本册教材推荐必读课外名著《艾青诗选》的重要作品。单元导读明确要求的学习目标包括：把握诗歌意蕴，体会诗歌的艺术魅力；把握诗歌的感情基调，读出感情，读出韵律。

本课授课对象为九年级（10）班学生，作为本年级的音乐艺术班，学生思维较为活跃，表现意愿较强，在学习《我爱这土地》这首诗歌之前，学生已经读过不少现代诗歌，但没有上过诗歌诵读的精读指导课，还缺乏深入品读现代诗歌的能力和技巧。

二、主 题

"审辩式思维"是教育领域谈论的热点话题，也是21世纪人才必须具备的三大能力之一。如今，人们已经逐渐认识到，审辩式思维是创新型人才必须具备的能力，因为教育最重要的任务之一，就是培养学习者的审辩式思维能力。

为了探究在现代诗歌教学中培养学生的审辩式思维，结合《我爱这土地》这首诗，课堂将通过以下几个活动来实现。

活动一，自我领悟。通过诵读知言和诵读悟情环节，初步感知诗歌意蕴，体会诗人艾青独特的诗歌创作魅力。活动二，深度质疑。通过质疑、释疑，探索诗歌诵读的方法，进一步提升诵读水平，力争读出感情。活动三，共研评价。通过研读绘意和品读入境环节，质疑问难，深入探究，领会诗中意象，进一步体会诗中蕴含的情感。活动四，自我诠释。大声朗读，向诗人致敬，通过诵读推动内心的情感共鸣。

为此，我把教学目标设定为：①领会诗中意象；②体会诗中蕴含的情感，并力图通过各环节具体的教学实践来实现学生审辩式思维的发展，其中尤以"研读绘意"部分的教学为例。

（教学设计附后）

三、教学片段

经过一番花样朗读（放声自读、组内听读、代表范读、师生赛读、全班齐读），学生已经能够朦胧地感知到，字里行间浸润出来的那种悲愤、绝望与爱恋交织而成的慷慨激昂，但诗人是怎样把这种感觉表达出来的？说不清楚。于是，我交给学生一个特别任务：圈出诗中鸟儿歌唱的对象，并把它们画下来。

学生觉得有意思，纷纷举手主动要求上台展示画工。很快，黑板上出现了一道道白色线条的勾勒：一只瘦削的小鸟、一片弧线勾勒的土地、几笔"川"字样的河流、三根细线表示的风和一轮圆的表示黎明的太阳。看到这样的作品，班上一阵哄堂大笑。我用线条把这些散乱的图像框起来，告诉学生："这些寄寓诗人情感的事物就叫作'意象'，它们共同构成一幅画面，其中传达出来的意蕴和境界就是意境，比如说，这首诗给我们的那种愤怒、热爱的感觉。"再问："那么，为什么这些意象会给我们留下这种感觉？它们有什么含义吗？"

一语激起千层浪，接下来的交流精彩纷呈。

"土地就是他的家乡，被暴风雨打击着，就象征着他的故乡正在遭受侵略和蹂躏。"

"不止吧，土地很广阔，应该是指全中国呢，诗人艾青是爱国诗人呀！"

"河流就是诗人的诗歌，诗人把内心的愤怒全都寄托在作品里了。"

"这个河流，它承载着我们的悲愤，那就可以表现出是歌曲、小说、戏剧、电影或者任何别的形式。"

"我认为河流象征黄河，在古代'河'就特指'黄河'，它是我们中华民族的母亲河，是中华文明的发祥地，用黄河作为意象，更代表中国人民的反战争！"

"风是无止息地吹刮着的，表示敌人的侵略非常久，也非常残暴！"

"黎明就是对过去美好生活的回忆，战争之前的美好时光……"

学生争先恐后地表达着自己的理解，我却有点哭笑不得：他们说得口沫横飞、天花乱坠，虽说个别学生说得还挺有道理吧，但跟教学参考书上的预设答案相差太远了！我是该直接点明各意象的象征含义、把他们拉回到预设轨道呢，还是继续任由其思维的发散扩展呢？如果让他们继续发散思维，最终我又该如何将发散的结果导入对诗歌品读的进一步理解？然而阅读无脱离文本之阅读，发散须有根据之发散，千回百转的念头之下，我决定出言提醒——

"看文本！你们要看文本，不要只管一味地猜想！"

犹如沸腾的热锅里加入一瓢冷水，学生们冷静下来，在提示下开始重新审视自己的解读：既然"风"是被"歌唱"的对象，它就应该含有赞颂的意味，又怎么会是"敌寇"的象征呢？"黎明"是光明将至而未至的时刻，它只出现在一天中太阳升起前、光明到来前，联系到这一特点，我们原有的解读是否有偏差？

一番思考和组内交流后，学生修正了对于"风"和"黎明"的解读，认识到"风"这一意向应理解为"人民的反抗"或"各民族的抗争"一类；而"黎明"应该是"胜利的曙光"或"对抗战胜利的希望和等待"。

当然，我也做了让步。学生对"河流"的理解虽与教学参考书上的答案有出入，但我认为，诗歌的解读应该是多元化的，而非标准答案式的，只要没有偏离主题，个性化的创新解读又何妨？

四、案例诠释

在这节诗歌教学课中，我始终将发展学生审辩式思维作为课堂教学目标之一，因此在教学设计与实践教学中，也时刻注意培养学生"不懈质疑、包容异解、力行担责"的审辨精神。具体体现在以下几个方面：

1. 顺应学生思维发展的规律，精心设计教学活动来激发学生的思维活跃性，以提高课堂效率

在诗歌赏析中，常常需要在引导学生感知的基础上，充分调动他们的想象力，使学生进入诗歌所营造的情境中，而初中生的思维发展正由形象思维向抽象思维发展转变，形象思维依然占据相当一部分。因此，我在诵读悟情的环节，让学生通过自由诵读、小组内听读、代表范读、师生赛读和全班齐读等多种诵读形式，充分感知这首诗的慷慨激昂与深沉热烈的情感。而在研读绘意环节中，就提出让学生圈出诗中的意象并把它们画出来。这一设计让学生将抽象的意象具体化、形象化，从而在脑海中呈现出鲜明的画面，促进了学生形象思维的发展，也使学生在自我领悟中明晰了"意象"这一抽象概念。

2. 告别寻找标准答案，注重学生的探究，关心探索过程而非结论，鼓励对于文本的不同解读，促进学生审辩式思维的发展

在教学过程中，如果需要提问，我都尽量提开放式的问题；如果需要引导，我都尽量运用旁敲侧击式的引导——对于学生的答案不直接否定，而用积极的态度鼓励其表达。

例如，探寻意象的象征含义这一环节，学生的解读五花八门，几乎没有跟教学参考书一模一样的答案。有的学生将"风"解读成"敌人的侵略"。为了不打断学生的表达，我将这一解读词语写在黑板上，待学生畅快表达完之后，再点出对这一解读的疑惑，让全班再思考、再讨论。这样做就是为了保护和激发学生的探索欲、创造力。正如谢小庆教授所言，"我们不应再简单地向学生灌输特定的结论，而应小心翼翼地呵护学习者的好奇心，应鼓励学习者的怀疑精神，应努力保护和激发学习者的创造力，倡导研究性的学习，倡导审辩式论证，重视发展学生的审辩式思维能力，从而使学习成为一个探索和发现的过程，而不仅仅是一个记忆和拷贝的过程。"

再如，有的学生把"河流"解读为"承载着民族悲愤情绪的诗歌、作品"，结合时代背景，这一理解又有何不可呢？因为教师的主要任务不是把一些知识和标准答案传授给学生，而是要提高学生的思维水平。当下教育已经习惯让学生找标准答案，习惯将标准答案直接告诉学生（对初三学生尤其如是）。这样做或许能让教师更省力，但长此以往，学生是否会因为找不到答案就倍感焦虑，从而逐渐失去怀疑和创新精神呢？不得不说，这种状况窒息了教育的活力，令人担忧。

3. 力行审辩式思维的培养，首先要让学生言之有据

具有审辩式思维特点的人，最突出的两个特点就是"凭证据讲话"和"合乎逻辑地论证自己的观点"。维基百科介绍，"审辩式思维是一种通过理性达到合理结论的过程……"

因此，当学生抛开诗歌内容本身而畅谈自己的猜测时，当他们把"风"解读成"敌人的侵略"、把"黎明"理解成"往昔美好的回忆"时，我便提出疑问，要求学生重新思考、辨析，要求其发言时的表达都应言之有据。这一点，其实也正符合对于"具有审辩式思维的人的突出表现和特点"的阐述，即"其四，对自身的反省，和与此相关联的对异见的包容"以及"勇于面对自己选择的后果，承担自己的责任"。

五、教学反思

在此篇教学设计和教学实践中，我亦有诸多不足之处，其教学反思如下：

第一，最初的教学设计是导入之后学生就开始读，缺乏必要的初读领悟。后期修改为在初读的基础上给予圈点勾画，为下一步的诵读悟情做铺垫，使学生的思维逻辑更加连贯。

第二，当学生的解读天马行空脱离课文时，我直接喊"看文本，你们要看文本，不要一味地猜想"，这种表达过于生硬，没有很好地尊重学生的主体地位，且不能正面引导学生到底该如何做。

第三，请学生在黑板上作画的环节中，没有很好地预设画图位置，设计不够精细。

第四，囿于时间关系，品读入境环节被仓促一带而过，由此可见，课堂节奏控制能力还有待提升。

伊索《赫耳墨斯和雕像者》案例分析

深圳市坪山区同心外国语学校 潘文明

第一部分：导入

投影展示1：

乌鸦与狐狸

有只乌鸦偷到一块肉，衔着站在大树上。路过此地的狐狸见到后，口水直流，很想把肉弄到手。狐狸便站在树下，大肆夸奖乌鸦的身体魁梧、羽毛美丽，还说乌鸦应该成为鸟类之王，若能发出声音，那就更当之无愧了。乌鸦为了要显示自己能发出声音，便张嘴放声大叫，而那块肉掉到了树下。狐狸跑上去，抢到了那块肉，并嘲笑说："喂，乌鸦，你若有头脑，真的可以当鸟类之王。"

设问：这个故事有何特点？说说看。

师：今天我们讲一则寓言，再讲之前，先来看一则故事。

（生读。）

师：这个故事就是寓言，你通过这则故事能总结一下寓言的特点吗？

生：有点讽刺。

生：有拟人。

生：往往用一个故事就能看出深刻的道理。

投影展示**2**：

寓意于言

寓——寄寓的深意。

言——假托的故事。

（投影展示课题。）

第二部分：初步感知，理清思路

（投影展示任务。）

师：今天我们来学一则新的寓言《赫耳墨斯和雕像者》，请同学们大声地朗读课文，完成以下两个任务：

（1）了解宙斯、赫拉、赫耳墨斯三者之间的关系。

（2）找出这则故事（即"言"）的核心主干：谁？——做什么？

（生齐读课文。）

师：你认识这几个人吗？

投影展示**3**：

宙斯——众神之王，

相当于玉皇大帝。

赫拉——宙斯之妻，

掌管婚姻和生育，

相当于王母娘娘。

赫耳墨斯——宙斯之子，

掌管旅行和商业。

师：下面我们来说说这篇课文的"言"，也就是谁？——做什么？

生：赫耳墨斯来到人间想知道自己在人间受多大的尊重，结果发现自己是个"饶头，一文不值"。

（板书：尊重　饶头）

师：赫耳墨斯觉得自己的雕像值钱吗？从哪里可以看出来，请用原文进行回答。

生：赫耳墨斯想知道自己在人间受到多大的尊重，"多大"一词可以看出他觉得自己很值钱，只是不知道值多少。

生：赫耳墨斯看见自己的雕像，心想他身为神使，又是商人的庇护神，人们会对他更尊重些……我从"更"字可以看出他觉得自己很值钱。

师：你觉得这时他的语气是什么样的？

生：得意。

生：骄傲。

生：自大。

师：赫耳墨斯到哪儿去了？

生：雕像者的店里。

师：雕像者是什么行业？

生：商业。

师：赫耳墨斯掌管什么行业？

生：赫耳墨斯到自己掌管的地盘却发现自己——

生：一文不值。

师：我们一般买神像有什么作用？

生：当庇护神保护我们。

师：你一般会买什么神？

生：我要是商人就买掌管商业的神，我要想升职就买管升职的神，即我是做什么的就买什么神。

师：赫耳墨斯掌管的就是商业，但是到自己的地盘却不值钱了。如果神很灵，有求必应，你会买他吗？

生：会。

师：如果你每次求都不灵，你会买他吗？

生：不买。

师：那你怎么评价赫耳墨斯？

生：不称职。

生：不务正业。

生：玩忽职守。

生：不负责任。

生：爱慕虚荣。

师：你怎么看出赫耳墨斯爱慕虚荣的？

生：他到人间就是为了来看自己受多大尊重，根本不看人间疾苦。

师：读一读赫耳墨斯一共问了几次？

（生分角色进行朗读。）

师：读得很好，感情表现得很到位，只是有同学也指出，刚才左旋读的"那"和量词连用的时候读"nèi"，应读成"那（nèi）两个"。

师：如果让你根据人物特点为人物语言加上修饰词，你会加什么？

投影展示4：

根据人物特点为人物语言加上修饰词：

赫耳墨斯：_____问道："值多少钱？"（宙斯的雕像）

雕像者说："一个银元。"

赫耳墨斯又_____笑着问道："赫拉的雕像值多少钱？"

雕像者说："还要贵一点。"

赫耳墨斯：_____问道："这个值多少钱？"（自己的雕像）

雕像者说："假如你买了那两个，这个算饶头，白送。"

师：赫耳墨斯第一次问宙斯值多少钱的时候表现出的是什么心理？

生1：得意。

生2：试探。

师：你读一下……

（生饱含感情地读。）

师：他仅是得意、试探吗？他觉得自己——

生：很值钱。

师：他是真的想问宙斯的价钱吗？

生：别有用心的。

师：很好。

投影展示5：

别有用心的。

师：赫耳墨斯第二次问的是赫拉，他是笑着问道，这个"笑"应该怎么理解？

生1：得意扬扬。

生2：轻视。

生3：不屑。

生4：鄙视。

师：这个时候，人物的内心是复杂的，有得意，有轻视，也可以说——

生：幸灾乐祸的。

（生想象赫耳墨斯的语气读。）

投影展示6：

幸灾乐祸的。

师：商人卖雕像，宙斯的雕像值一个银元，价格——

生：便宜。

师：至少赫耳墨斯觉得并不贵。当商人说赫耳墨斯的雕像可以白送时，说明商人的生意——

生1：不好。

生2：冷清。

师：作为商人的守护神，商人生意不好，他不但没有感到愧疚、不安，反而还在笑，你如何评价赫耳墨斯？

生1：他不称职。

生2：不务正业。

生3：尸位素餐。

（板书：尸位素餐。）

师：他问的前两个神都是什么级别的？为什么问他们啊，为什么不打听小神的价格？

生：我认为正是由于他的虚荣所致，他觉得宙斯、赫拉都比不上他。

生：应该是很骄傲、很自豪的。

生：得意扬扬。

生：自命不凡。

（板书：自命不凡。）

师：结果呢？

生：白送。

师：赫耳墨斯问自己的价格时表现出来的是什么语气？

生1：应该是很骄傲、很自豪的。

生2：得意扬扬。

生3：自命不凡。

生4：狂妄自大。

投影展示7：

狂妄自大。

师：他内心自信满满的，非常狂妄，自大到极点，却突然发现自己一文不值时，就像气球吹到最大，被人用针扎了一下，就更具有——

生：讽刺效果。

（板书：讽刺。）

师：我们一起来把这种语气读出来。

（生读。）

师：大家读得很好，把人物语气读得很到位，除了爱慕虚荣外，你还可以用哪些成语或短语评价赫耳墨斯呢？

生1：狂妄自大、自命不凡、自以为是。

生2：不务正业、玩忽职守、自取其辱。

生3：妄自尊大。

生4：自讨苦吃。

生5：夜郎自大。

生6：自欺欺人。

师：大家说得非常好，我们看到的是这样一个赫耳墨斯——

投影展示8：

自高自大　自命不凡

目空一切　妄自尊大

自视甚高　不忠于职守

师："言"的部分我们说完了。下面，我们来说一说"寓"——他所蕴含的深意。你能否根据这个故事，加一个言明寓意的结尾呢？

投影展示9：

请给这则寓言加个言明寓意的结尾。

师：这个寓言告诉我们……

生1：这则寓言告诉我们——不为人们做实事的人永远得不到人们的尊重。

生2：这则寓言告诉我们——想要得到别人尊重，首先要为人们做出贡献。

师：也就是说，我们的价值和我们的奉献是有直接关系的。要求用2分钟的时间写下你的故事结尾。

生1：想得到人们真正的尊重，就要真心地帮助他人。

生2：尊重是通过自己努力才能得到的。

师：说得很有深意啊。

生：一向狂妄自大的人最终只能自讨苦吃。

师：大家刚刚都是反着说的，这样的人不能得到人们的尊重。反之，什么样的人才能得到人们的尊重呢？

生：只有为人们做出贡献的人才能得到人们的尊重。

生：只有做好自己本分的人才能得到人们的尊重。

生：只有全心全意为人们服务的人才能得到人们的尊重。

师：大家说得很好，课文写到赫耳墨斯听到自己的雕像价格时就戛然而止了，并没有写他的反应，那么，请同学们思考一下他会有何反应？并续写这则寓言。

投影展示10：

赫耳墨斯听到自己的雕像作为饶头"白送"之后，他的心情如何？他说了什么？或者还会做些什么？请发挥你的想象力，续写文章。

学生展示续写环节：

赫耳墨斯听了，脸上的笑容顿时僵住了，脸涨得通红，愣在原地，不知所措。但很快，他又想起这是他凡人的身份，于是愤怒地抓起商人的衣领，破口大骂起来："你这个不识相的东西，怎么能把赫耳墨斯的雕像当饶头？真是不知天高地厚，他可是你们商人的庇护神啊！"商人被他的举动吓了一跳，但随后理理衣领，从容不迫地说："这很简单。正如你所说，他既然身为我们的庇护神，却整天无所事事，对我们商业间的事漠不关心，这几年的生意，难做啊！我们也是生意冷清，才把宙斯和赫拉的雕像价格降那么低的啊，饶头那些的，难道不应该让他来做吗？""你……"赫耳墨斯刚想反驳，却又觉得商人说得不无道理，于是便灰溜溜地逃走了……

师：大家的想象非常丰富而奇特。让我们一起再来读一下课文，感受寓言的魅力。

（《赫耳墨斯和雕像者》一课在朗读中结束。）

课后反思：

本课故事短，易于理解，如何引导学生发现这则小寓言中的新奇，就是本课设计上的难点。

我几次考虑最后把讨论点放在揣摩语言、分析人物形象上，文章简单的对话形成了文学中的"留白"，给了我们想象和揣摩的空间，作者把故事发生地点设计在赫耳墨斯自己管辖的地盘也很值得揣摩。

所以我在厘清人物关系后，首先问赫耳墨斯在自己掌管的地盘为什么一文不值？以让学生对人物有更清楚的认识，然后通过揣摩对话分析人物形象。

第一处对话：

他看见宙斯的雕像，问道："值多少钱？"雕像者说："一个银元。"

我让学生根据语境揣摩，赫耳墨斯问雕像者时的神态、语气、心理以及动作。首先赫耳墨斯应该是很傲慢的样子，语气有些不屑，通过"值多少钱"这一问句（由四个字组成的问句，连主语也没有），说明赫耳墨斯应该是指着宙斯的雕像，心里应该是在想："宙斯是最大的神，不知雕像者会出多少钱？"

我第一次在这一问前加的修饰词是试探，但考虑到，他去的目的就是问自己，问宙斯只是想做一个比较，所以他是轻视、试探的，更是别有用心的。

然后再揣摩当雕像者说出"一个银元"时的心理和神态。

赫耳墨斯的内心有些吃惊——没想到这么便宜，然后是非常得意——"他竟然这么低，等着瞧好戏吧，我肯定比他高！"应该是面带不屑的笑意。原文写到"赫耳墨斯又笑着问道：'赫拉的雕像值多少钱？'雕像者说：'还要贵一点。'"

通过这里的"笑"字可以看出他对宙斯雕像价格的态度。当得到"还要贵一点"的答案后，赫耳墨斯的心里应该是吃惊的，没想到，身份比宙斯要低的赫拉的雕像的价值却比宙斯还要高，但这或许是因为雕像者对其加工比较细致，也可能是因为赫拉在雕塑者内心的地位比较高的原因，所以价格要高。同时，这也给赫耳墨斯以信心和暗示——"自己的雕塑的价格可能会更高，不，应该是一定会最高。"而结尾却出乎赫耳墨斯的意料，这也是这则寓言故事的讽刺点所在。

接下来，安排让学生总结赫耳墨斯的性格除了爱慕虚荣外，还可以用哪些成语或短语评价赫耳墨斯，来进一步引导学生进行思考。

然后，我顺势让学生根据这个故事，加一个言明寓意的结尾，学生的结尾基本就是上面总结的词的使用，思路不够开阔。所以，我又反过来问："什么样的人才能得到人们的尊重呢？"以此来打开学生的思路，训练学生的思维。

最后，我安排学生揣摩听到雕像者回答说："假如你买了那两个，这个算饶头，白送"的回答时，赫耳墨斯的心理和神态会如何？在此基础上，续写结尾。

结果显示，学生写得很精彩：有的说赫耳墨斯当场晕倒过去，因为听到的答案和心理预期之间差距太大了；有的学生说赫耳墨斯是个盲目乐观自大者、爱慕虚荣者，当听到这样的回答时会直接滥用职权把雕像者的生意店铺砸了；有的学生说赫耳墨斯也可能最终是灰溜溜地逃走了。

本课按照"知、意、情"学生的认知规律，在读中思考、反思、总结，把课堂的主动权交给学生，以让学生得以全面发展自己的能力。

魏学洢《核舟记》教学实录

深圳市坪山区中山中学　徐日纯

时间：2018年3月13日　第一节

地点：八年级（6）班

师：上课！

生：老师好！

师：同学们好！请坐。前面我们学了两篇文章，标题和今天我们要学习的文章有相同的地方……

生：《小石潭记》《桃花源记》都有一个"记"字。

师：那这三个"记"相同吗？

生：不相同，前两个"记"是游记，后面这篇文章是记……（说不下去）

生：纪录片、周记、日记（生笑）。

师：周记的记是怎样的"记"？

生：就是对一周事情的记载。

师：那这个周记日记的"记"和游记的"记"是一样的，二者都采用什么表达方式？

生：记叙，记人记事。

师：而这个"记"呢？

生：是说明文（很多学生发出"呃"的疑问，有的神情愕然）。

师：你说是说明文，让大家很吃惊，说说看吧。

生：因为说明文就是说明一些事物的特点，首先第3段给船头"坐三人"中的三个人一些特写，把他们的脸部神情的特点都写了出来，以此可以看出这篇文章是说明文。

师：好，他给我们提到了一个比较专业的名词——特写。接下来，有没有同学给他补充一些说明文的证据，以文为据，他说是说明文，第3段给三个人一些特写，写出人物的神情动作。好，你来。

生：第4段也特写了船的大小、外观……

师：这一段也算是特写——外观的特写，你同意吗？

生：同意。

师：那这一段的特写与第3段的特写有什么相同点？

生：都是描写外观。

师：如果是说明文的话，能说是描写外观吗？

生：不能，是说明。

师：或者说是介绍，对吧。还有没有别的证据说它是说明文？回忆一下，上学期我们学过说明文，说明文首先要有——

生：说明对象。

师：那文中的说明对象就是——

生：核舟。

师：那标题中的这个核指的是什么？

生：桃核！

师：哦！桃核，以文为据！

生：课文有"盖简桃核修狭者为之"。

师：先说第几段？

生：最后一段。

师：好，读读这一句。

（生读。）

师：这句话的意思是什么？

生：就是原来是挑选一个细而小的桃核雕刻而成的。

师：哪个字翻译成挑选？哪个字翻译成雕刻？

生："简"翻译成挑选。

师：它还是一个什么字？

生：通假字，通"拣"，拣东西的"拣"。

师：很好，"扌"旁的"拣"，然后哪个是雕刻呢？

生：修是雕刻，不对，之是雕刻……不对，应该是"为"字吧？"为"是雕刻。

师：那么"修"是什么？

生：长，长而窄。

师：那么"之"呢？

生：就是用来做的桃核。

师：很好，"为"是雕刻。文中其实还有很多个"为"字，大多都翻译成雕刻，大家要注意。在下面加个点。好，我们知道这个"核"指的是桃核，标题就是说用桃核雕刻了一条小船，叫核舟，这是说明对象。那如果它是说明文，还应该有什么？

生：说明顺序、说明方法、说明对象的特点。

师：好，这些我们慢慢看能不能从文中找出来，我也不敢确定。如果这些都能找出来，那这篇课文就是说明文；如果找不出来，那说明就是判断错了。好，作者是——

生：魏学洢。

师：在考试中关键的一道文学常识题，常常会考——

生：他是哪个朝代的？

生：明代的。

师：但是编这本书的人是——

生：张潮。

师：清代，编的书名是——

生：《虞初新志》。

师：这个书名不好记，容易混淆，我和大家解释一下。汉代有个叫虞初的文学家，擅长编书，他是有记载的最早的一位编著小说的人。同学们要注意，不是写，而是编，即把别人写的零散的文章编成一本书。后人编书时，就常常用他的名字，表示我这本书也是编出来的。再来看看课文，现在大家就开始提提问题，谁来先说？

生：我提一个，为什么第3段最先介绍苏轼？

师：好，这个问题和我们的课后练习二有些相似。你在下面说是因为苏轼是主角，理由呢？

生：我是猜的，因为那个核舟刻画了"大苏泛赤壁"的故事，就是苏轼游赤壁时写的？

（生笑。）

师：你来帮他纠正一下说法。

生：就是核舟刻的是苏轼游赤壁的情景，所以这一段先写苏轼。

师：刚才他说苏轼是主角，从某种意义上说，他说的是对的。好，因为核舟刻的主题是"大苏泛赤壁"，"泛"的意思是——

生：游。

师：走路游？

生：不，坐船游的。

师：大苏就是苏轼？

生：是啊，注解中就有，大苏指的是苏轼，小苏指的是苏辙。

师：对，前面介绍柳宗元时，谈到唐宋八大家中的苏门三学士，就有——

生：苏洵、苏轼、苏辙。

师：苏轼是苏洵的大儿子，世称大苏；苏辙是苏洵的小儿子，世称小苏。那其父苏洵呢？人称——

生：老苏？

师：很正确！这种称呼，表达了大家对他们一家的亲切感！很好，第一名同学提的问题引起大家很深入地探讨。继续！

生：第3段中"佛印绝类弥勒……神情与苏黄不属"，为什么佛印神情与苏、黄不一样呢？

师：哪个词解为不一样？

生："属"指的是类似的意思。

师：好，佛印与苏、黄的神情为什么会不一样？

生：因为下面有说——佛印绝类弥勒，袒胸露乳，矫首昂视。

师：刚才他问的是佛印为什么与苏黄神情不一样，因为佛印是绝类弥勒，就是很像弥勒佛，袒胸露乳，所以很不一样。其实，他们还有哪里不一样？

生：职业上，他们的身份不同，苏轼他们是教书的，佛印是出家人，四大皆空！

生：书上并没有说他们是教书的。

师：其实，说苏轼、黄庭坚是教书的也没错。前面我们介绍苏轼时，说过他被贬到惠州、海南时，就开设书院，开教化之风。黄庭坚是宋代文学家、书法家，其门下弟子众多。而佛印是出家人，是得道的高人。

生：六根清净。

师：对，这个说法也没错，从他们的职业上看是不一样的。除此以外，还有什么不一样呢？

生：从神态来看，佛印是出家人，超凡脱俗，对尘世不再留恋。

师：你的说法能不能以文为据？

生：说他袒胸露乳，矫首昂视（生大笑）。

师：同学们笑，是说袒胸露乳不足为据是吗？

生：不是……是，是他不在意别人的眼光。

师：对，这也是出家人的一种超脱！还有吗？

生：矫首昂视，就是抬头仰望。

师：仿佛在仰望天空，在思考。而苏、黄却在看书，很认真。好，继续。我们都很欣赏会提问题的人，因为他爱思考！

生：作者喜欢王叔远送的核舟吗？

生：这个问题有点蒙！

生：如果不喜欢，作者还会为他写这篇文章吗？

师：那不一定，难道不喜欢就不写？多少诗人因恨也写出很多好诗呢！

生：就是嘛！他很喜欢王叔远送的核舟！

师：能不能以文为据？

生：最后一句（七嘴八舌）——技亦灵怪亦哉！

师：我们再读一遍！注意："嘻"字要不要一起读？为什么？

生：要，因为表达了一种感叹！

师：好，大家读出一种感叹来！（生读）意思是说——

生：唉！技艺也真是神奇啊！

师：那说明作者喜欢这个核舟对吧？那就表达了什么？

生：表达了对核舟的喜爱，也表达了对雕刻人技艺高超的赞美！

师：那这一句就是这篇文章表达的什么？

生：主旨！思想感情！

师：昨天好几名同学提出说，这篇文章表达了作者的什么思想感情？那这个句子就是表达了全文的中心思想了。换一句话说，这句话就是全文的——

生：中心句。

师：所以啊，别看刚才他提的这个问题让人感觉有点蒙，其实他的问题已经触及全文的中心思想。所以，同学们不要小看自己提的问题，你的小问题可能是一个大问题。继续！

生：为什么王叔远要送作者核舟呢？

生：这个人有点心机，想流芳百世！（众生笑。）

师：以文为据！

生：上面写"船背稍夷，则题名其上，文曰'天启壬戌秋日，虞山王叔远甫刻'"。

师：好像漏了一个字吧？

生：毅。

师：为什么通过这句话就说他有心机，想流芳百世？

生：他把名字写上去了。

生：那是王叔远的作品呀！当然要写上去了。

师：是呀！我也觉得，这不能算是，但你怎么凭这句话就知道是王叔远的作品呢？不是写着王毅吗？

生：因为前面有写，明有奇巧人曰王叔远……尝贻余核舟一，王毅是他的姓名，字叔远，虞山是他的出生地。

师：哦，很好，古人一般有名外，还有字。但那"甫"字做何解释？

生：男子的美称，注解中有说明。

师：对，"甫"是个通假字，通父，男子的美称，那你能不能再举出一些古代男子的美称？

生："子""生"……不知道了！

师：不错！男子古代美称除了"子""生"，还有"丁壮在南岗"的"丁""汉"，《好汉歌》的"汉"，以及"夫""郎""士"等。

生：好像问题越扯越远了。

师：好好，我们回到刚才那名同学的问题——王叔远为什么要送作者核舟？合理的猜测是什么？文中有没有什么依据？

生：老师，我知道，因为苏轼与黄庭坚是好朋友，所以会送给他了。

生（众笑）：你有没有听课？是王叔远送作者！

师：那是黄庭坚送给鲁直。

生（大笑）：自己送给自己呀……

师：哦，不是，是苏轼与黄庭坚。我也被你搞蒙了！有同学会笑是好事，说明学习状态不错！好，为什么会送，至少找到一点推测的依据。

生：因为作者能欣赏他的作品。

师：那我看到唐三彩的作品也很欣赏和喜欢，那唐代的人会送给我吗？

生：……

师：我觉得应该这样推理，看作者魏学洢的出生时间，他是明代的大才子，结交甚广。而王叔远也是明代当时最有名的雕刻艺术家，他们之间同处一个时代，两人都是文人雅士，应该有交往，并结为好友。所以，其根据就是他们生活的时代。好，这个问题就到这里。继续！

生：既然是写"大苏泛赤壁"，为什么还要写舟子呢？不是有点多余吗？

师：好，谁来？你？

生：我不能。

生：核舟不是"大苏泛赤壁"嘛，所以介绍的是整个核舟的内容，就包括了舟子了。

师：你从哪里看出是写了整个核舟？

生：第2段写了船舱、窗、栏杆、刻字等，就是船中间。

师：还介绍了什么？

生：第3段介绍了船头坐的三个人，第4段介绍了船尾的舟子，第5段介绍了船背核舟作者。所以，这是介绍整条核舟的。

师：好，那看起来，作者的介绍是——

生：有顺序的。

师：好，昨天也有同学提了这样的一个问题：第2~5段的顺序能调换吗？

生：就是为什么不按照船头、船舱、船尾、船背的顺序写？

师：是，为什么呢？这个问题有点难。

生：我觉得就是按照看船的顺序来写，因为第一眼先看到的是船舱，所以先写船舱。

师：好，你的话可不可以这样说，船舱是这条船的主体部分，是最显眼的部分，所以先写船舱。同学们还不做点笔记，个个都像佛印一样，矫首昂视了，就差袒胸露乳了！

（生笑，开始做笔记。）

师：好，刚才我还听到有同学在说，作者的介绍是有顺序的，那现在看来，作者的介绍按什么顺序？

生：空间顺序。

师：好，第2~5段是空间顺序。前面有了说明对象，也有了说明顺序，表明这篇文章是说明文的可能性很大。那再看第1段和第6段分别写了什么？

生：第1段介绍王叔远的技艺高超，还有——

生：还有关于核舟刻的背景故事。

师：对，介绍核舟作者的技艺高超，以及核舟主题。核舟总得有个题目，"大苏泛赤壁"就是主题。那第6段呢？

131

生：表达感叹和赞美！总计船刻了一些什么内容？

师：总计核舟所刻的内容，表达感叹与赞美之情。那如果这样看来，全文的结构是——

生：总—分—总，第1段是总写，第2~5段是分写，第6段又是总写。

师：那总—分—总这种结构从说明顺序来看，指的又是什么？

生：先说整体的，然后是局部的。

生：逻辑顺序！

师：那就是逻辑顺序无疑了！老师想起曾经问过你们这个问题，是吧？好，不知不觉，这个说明顺序的问题居然也确定了。

生：老师，我能不能说个问题？

师：你说说看。

生：就是刚才说为什么佛印与苏、黄神情不相同的问题，我觉得苏、黄在看手卷，佛印在旁边，和他们不是同一个境界的。

师：不是同一个境界，我觉得"境界"这个词用得很好，苏、黄喜欢读书，作者让他们看手卷。而佛印是出家人，天地为家，没有受约束的观念，所以袒胸露乳。好，我觉得这个分析可以成立。那同学们再看看第6段，我们找出了说明对象、说明顺序，但有个最关键的问题——说明对象的特点，如果这个问题解决了，我觉得说本文是说明文就绝对没错！问题是，核舟的特点是什么呢？

生：长而窄。

师：好，这是核舟的外观特点，那你能不能说说从文中哪里可以读出来？

生：其长不足盈寸（就是长度不超过一寸），高是二黍许。

师：黍，同学们喝过小米粥吧，与之类似。好，文中还有哪些地方写核舟的长？

生：舟首尾长约八分有奇。

师：好，这里有个通假字是——

生："有"通"又"。

师：昨天有同学问我时，我还说错了，以为是那个"奇"字。好，那老师要大家推理一下，"八分有奇"到底有多长？

生：八寸多一点。

生：怎么可能，后面都说它曾不盈寸！

师：对呀！不成立。那么，一寸多长？大家看第一段——"明有奇巧人曰王叔远，能以径寸之木"中的"径寸"是多长？

生：直径一寸的木头。

师：好，那老师告诉大家一个度量换算，一寸约等于3.333厘米。那八分有奇是多少？

生：约等于2.4厘米。

师：怎么算出来的？

生：就是3.333乘以0.8得出的结果约等于2.4厘米。

师：计算方法非常正确，桃核长度就是约等于2.4厘米。

生：那他们是怎么看的？用放大镜吗？这么小！

师：问得好！我介绍一下微雕艺术，微雕艺术是我国流传久远的一种雕刻艺术，能在细小的物体上刻出各种各样的艺术品。有人在鸡蛋壳里刻出世界地图；在一根头发里，可以刻出中国古代历代帝王，这些都要在显微镜下欣赏。同学们如果感兴趣，可以到网上去搜索相关关键词，会有许多作品可以欣赏。好，回到课文，2.4厘米长，2个黄米粒高，这一大小比我们的眼睛还小一点。

生：没有，老师，我的眼睛比它还小。

师：是，你别笑，笑了眼睛就更小了！好，我们总结一下，核舟的第一个特点就是——

生：很小！

师：第二个特点就是——

生：精致。

师：你看，核舟上刻了那么多东西，那就是——

生：内容多。

师：有没有第三个特点？

生：精巧。

师：精巧这个词一般形容什么？

生：指人的吧。

师：巧是指人的技术高超，对吧？还有没有指人的哪一方面？想想，那么小的核桃里，刻出那么多的内容。

生：心灵手巧。

师：这个灵指的是什么？手巧指的是技术很高，很多人的微雕技术也很高，可他的作品不一定有那么出色，到底缺什么？

生：没有灵性。

师：说灵性有点对。更准确地说，是要有构思！有很好的构思，再加上手巧，才称得上是精巧。但这个词更强调雕刻人的特点，而这个核舟的特点是什么呢？

生：精致。

师：我觉得应用另一个词来形容，你看他刻的内容，不但多，而且怎样？

生：生动。

师：对，这就是核舟的三个特点：体积小，内容多，人物生动。那这样看来，这篇文章就一定是——

生：说明文！

师：好，这个问题解决了。下课！

布置作业

完成同步精练。

庄子《庄子与惠子游于濠梁之上》教学实录

深圳市坪山区中山中学　徐日纯

时间：2018年5月17日　第五节　　上午11：15—12：00

地点：中山中学七年级（3）班

课型：课题研讨课

听课人：市课题组成员约10人

师：同学们先做好上课准备（准备好笔和上课资料后，端正坐姿）。（铃声响）好，上课！

生：老师好！

师：同学们好！

师：同学们现在是七年级，今天老师带来一篇八年级的文言文，敢不敢挑战？

生（大声）：敢！

师：这么有信心？好！我们开始。同学们看到课文标题（屏幕显示），哪名同学能准确地读一遍？

（一生读。）

读得很好！同学们也跟着读一遍。

（生齐读。）

师：同学们读得很响亮！好，看一下注解，"濠梁"指的是什么？

生：濠水的桥上。

师：能不能分开来理解？

生："濠"是指濠水，"梁"是指桥梁。

师：很好，标题的意思是——

生：庄子与惠子在濠水的桥上游玩。

师：很棒！下面大家用两分钟时间，结合课文下面的注解，先试着理解课文内容，同桌之间暂时不讨论，先自己理解。现在开始。

（生默读，做批注，师巡看。）

师：好，时间到。同学们的阅读习惯很好，马上会在书上做批注。现在我们来了解标题提到的两个人物，一个是——

生：庄子。

师：听说过吗？

生：听说过。

师：谁来简单地介绍一下？

（其中一名学生微声说：这个……）

师：没关系，同学们了解多少就可以说多少。

生：我知道庄子是战国时期的人。

师：很棒！谁还能补充？

生：姓庄名周。

师：厉害！知道得真不少！那惠子呢？好，注解上有。大家看看，惠子是一位哲学家。那么关于庄子，大家还能说出他属于哪一学派吗？

生：儒家（学生参差回答）。

师：儒家？哦，不是。同学们看一下PPT（屏幕显示），了解一下人物介绍。请一名同学朗读一下。

（一生读。）

师：读得很好！谢谢你。那同学们看一下，有关惠子的介绍特别提到了一点什么？

生：善于辩论。

师：好，也就是说，这篇课文记述了这对老友在濠梁之上的一场辩论。那大家看看课文的插图，先认识一下哪一个是庄子，哪一个是惠子。找出来后，说一说依据是什么。

生：前面俯下身子的是庄子，后面拄着拐杖的是惠子。

师：同学们看，她的回答很具体，还会用动词描述一下，请说一说依据。

生：因为书上说庄子看到"鲦鱼出游从容"，既然庄子知道鱼出游从容，说明他正在看鱼。

师：很好。大家要学习一下这名同学的回答。学习什么？

生：从课文中找出依据来。

师：很聪明！前面是庄子，后面是惠子。好，这时大家可以朗读一遍课文。

（生齐读。）

师：同学们第一次读这篇课文，就读得很不错！注意一下，"子曰'汝安知鱼乐'云者"，读到"鱼乐"后面的"云者"时，要不要稍做停顿？对，注意这个标点，是单引号，读到这里时，稍做停顿，但不用过长。这句话其实是引了什么？

生：引了惠子的话。因为前面庄子说"鲦鱼出游从容"时，惠子问他"安知鱼之乐"，这里庄子就引用惠子的话。

师：好厉害！掌声送给他。我在八年级上课时，一开始有好多同学都不知道这话是惠子说的。他才读一遍，就读出是引用的惠子的话，真不简单！那我们看到课文，这是一场辩论，辩论总该有什么？

生：论题。

师：对，要有论题，还要有结果。围绕"鱼之乐"的这场辩论，谁胜谁负？大家用3分钟时间讨论一下，然后再分享。现在开始。

（生讨论较热烈，约3分钟，师巡看。）

师：好，同学们到这里。（一学生举手要提问）哦，这名同学有问题？

生："我知之濠上矣"是什么意思？

师：哦，好，哪名同学知道？

生：我在濠水桥上知道了这个道理。

师：这名同学说得很不错，知道"之"字是个代词，指代的是"鱼之乐"

这件事。你觉得这个回答可以吗？

生：可以了。

师：好，我们也回到刚才的话题。讨论谁胜谁负？

生（齐答）：庄子。

师：一名同学来说说理由。谁来？可以大胆地猜测，小心地求证。猜错也没关系。

生：惠子……（说不出话）

师：好，再思考思考。没关系，你来。

生：庄子最后的一句话就否定了惠子。

师：怎么知道是否定了惠子？

生：因为惠子已经知道庄子知道鱼的快乐。

师：你的意思是惠子既已知庄子知鱼之乐而问他？那惠子问的问题是什么？

生：……

师：好，你的意思是庄子最后说"我知之濠上矣"，就已经回答了惠子的问题。请坐。好，你来。

生：我觉得是孔子（生大笑），不是——是庄子。因为"我知之濠上也"，是庄子否定了惠子。

师：理由？

生：因为庄子说"既已知吾知之而问我，我知之濠上矣"。

师：这话是什么意思？

生：既然你知道这个道理却来问我，我是在濠水桥上知道了这个道理。

师：翻译得很好，注意一下"之"指鱼之乐这件事。还有同学为惠子辩护吗？（停一会儿）好，同学们的表现都挺一致的。我们现在把课文再朗读一遍。（生齐读。）

师：好，在"云者"后面批注解释为"等等"。好，我们继续刚才的胜负话题。

生：庄子赢。

师：好，理由？

生：庄子说"请循其本"，然后说"我知之濠上也"，就回答了惠子的问题。

生：我觉得他们谁都没赢。因为惠子说"安知鱼之乐"，庄子说，"你不是我（学生在下面纠正说：'我不是你'），怎么知道我不知鱼之乐。"惠子就说，"我不是你，当然不知道你的想法；但你不是鱼，你肯定不知道鱼之乐。"所以，他们没有谁胜谁负。

师：你的翻译能力很强，听到这里，我都觉得是惠子赢呢！那他们是怎么开始这个话题？

生：庄子与惠子在濠水桥上游玩，庄子说，"鲦鱼游玩得很从容，是鱼的快乐。"

师：好，你觉得惠子问得有没有道理。

生：有！庄子确实不是鱼。

师：好。文中"是鱼之乐也"中的"是"指的什么意思？

生：这……

师：很好，代词。那惠子怎么问他？

生：你不是鱼，怎么知道鱼的快乐？

师：对，庄子确实不是鱼，怎么知道鱼的快乐呢？那庄子怎么回答？

生：你不是我，怎么知道我不知道鱼的快乐呢？

师：那你觉得庄子的回答怎么样？

生：很好。

师：用一个词形容？

生：以牙还牙（生笑）。

师：还可以用一个什么网络词语形容？

生：怼！

师：是啊，庄子怼得很有道理呀，你不是我，怎么知道我不知道鱼之乐！我要是惠子，肯定被怼得哑口无言了。但惠子是善辩的哲学家，他怎么怼回去？

生：我不是你，当然不知道你的想法；你不是鱼，当然你也不知道鱼的快乐。肯定是这样。

师：好，你翻译得很好。但我想考你一个字（有生在下面说："固"），对，第一个"固"是什么意思？

生："当然""固然"之意。

师：当然好还是固然好？

生：固然好。

师：为什么？

生：固然更坚定。

师：更坚定？不是当然更坚定吗？你看，我不是你，固然不知道你的想法，这是庄子先退一步说，先顺着庄子的话说。第二个"固"呢？

生：也是固然。

师：确定吗？庄子是鱼吗？不是鱼，从来就不是鱼。

生：是"从来"的意思。

师：对，译为"本来""从来"之意。好，坐下。

师：你本来就不是鱼，你不知道鱼的快乐。肯定是这样。当惠子这样说的时候，庄子怎么说？

生：请回到原来的话题。你怎么知道鱼的快乐？你既然已经知道这件事却来问我，我是在濠水桥上知道这件事的。

师：那庄子的回答，答到惠子的问题了吗？

生：没有，因为惠子问他是怎么知道鱼的快乐，庄子却回答说是在濠水桥上面。

师：濠水桥是一个地点。惠子问的是如何知道鱼之乐，那你对庄子的回答满意吗？

生：不太满意。

师：原因就是——

生：没有答到点上。

师：大家是不是也觉得这样？

生：是。

师：我也觉得这样。但课文就是这样，怎么办？我们反思一下，是不是我们的理解有点问题？

（生小声议论。）

师：我给大家提示一下。庄子最后回答——子曰"汝安知鱼乐云者"，这个"安"字除了理解为"怎么"之外，还可理解为什么意思？庄子说是在濠水之上，那么这个"安"字还可理解为什么意思？

生："哪里""哪儿"之义。

师：那这句话庄子理解为——

生：你说你在哪里知道鱼的快乐？

师：那这样理解时，庄子的回答就答到点上了。但惠子想问的是怎么知道、如何知道，而庄子把这话改成是在哪里知道的，所以才会说是在濠水之上了。那现在觉得谁胜谁负了。

生：没有胜负。

师：有没有同学坚持自己的看法的？可从另外一些角度去看。

生：我觉得从他们双方自己的角度看，自己都是胜的一方，因为每个人的看法都是对的。

师：惠子认为自己是对的，从哪里可以看出来？

生：从前面几次的对话中，他一直认为自己是对的。

师：惠子认为自己的回答很有逻辑性，所以认为是对的。庄子呢？

生：庄子……

师：庄子其实是在被惠子逼得无话可说的情况下，把"安"字故意理解为"哪里"，这叫什么？

生1：扯开话题。

生2：偷换概念。

师：很好。其实他们讨论的焦点，就是被转移到这个"安"字的理解上。两位可爱的"老人家"，在濠水之上玩了一次有趣的辩论。好，下面请一名同学把全文翻译一遍。

（一生译。）

师：这名同学翻译得很好，此处应该有掌声鼓励（生鼓掌）！同学们再把老师的参考译文读一遍。

（生看着屏幕显示读译文。）

师：好，同学们觉得庄子是一个怎样的人？

生：机智地解决问题。

师：惠子呢？

生：有理有据，能言善辩。

师：同学们概括得真好！假如我们也回到公元前，模拟他们的对话，会用一种怎样的语气？先看庄子的第一句话。

生：轻松。

生：感叹。

生：愉悦。

师：很好！哪名同学试读出这种语气？好，你来。老师读前面的叙述，你来读对话，我们开始：庄子与惠子游于濠梁之上，庄子曰：……

生：鲦鱼出游从容，是鱼之乐也。

师：好，有没有体会到一种感叹愉悦的感觉？

生：有一些。

师：哪名同学再来挑战一下？读得更轻松自由一点？好，我读前面。

（一生读。）

师：我感觉有一点苦（生笑）。来，放松一下；再来，我读前面……

生：鲦鱼出游从容，是鱼之——乐也。

师：这次好多了，把"之"字拖了一点音。大家也跟着这样读，起！

（生读。）

师：那惠子该怎么说？要读出一种怎样的语气？

生：要有疑惑的语气和反问的语气（七嘴八舌）。

师：好，请你来试试。

生：子非鱼，安知鱼之乐？

师：同学们有没有感觉到庄子被怼了一下？

生：没有。（有一生在高声读：子非鱼……）

师：好好，就你来试试。

生：子非鱼，安知鱼之乐（读得很有感觉）。

师：真不错！那庄子该用怎样的语气怼回去？

（众生在下面跃跃欲试。）

生：子非我，安知我不知鱼之乐也（全场大笑）。

师：好好！还加了一个"也"字，我也学一学——子非我……，读这话时，他用了一种怎样的语气啊？

生：很激昂！

师：好，这是你理解到的庄子，很棒！那么，庄子怼惠子那么重，惠子该怎么说？

生：要和他讲道理。

师：好好，怎样才能读出讲道理的感觉？

生：就是前面说得小声一点，后面说得大声一点。

师：我明白了——前面小声点，是表示你说得有道理；后面大声点，是为了怼庄子。（有的学生已开始尝试读起来。）

生：我非子，固不知子矣，子固非鱼也，子之不知鱼之乐，全矣！

师：哦，同学们有没有感觉到惠子怼回去了？

生（齐声）：没有。

师：那谁来？（一生举手）好，我读前面……

生：……（有点平缓）

师：好，谢谢你。我们在读这句话时，应该在哪个地方再读出重音？

生：全矣！

师：为什么？

生：肯定是这样啊！

师：当惠子说这话时，心情怎么样？

生：很自信！

生：我赢了！

生：我是对的！

生：应该在笑了！

师：笑了？好，那我们读这句话时加一个小动作，加个什么动作好呢？

生：啪！

师：好，我们就读到"全矣"时，来一个击掌庆贺！预备起！

生：我非子，固不知子矣；子固非鱼也，子之不知鱼之乐，全矣！（众生兴奋击掌。）

师：我赢了！那庄子怎么办？无话可说，只好扯开话题，偷换概念。惠子这么兴奋，庄子怎么说？好，你来，我觉得你有一点庄子的气质！

生：请循其本。子曰"汝安知鱼乐"云者，既已知吾知之而问我，我知之濠上也。

师：这个庄子怎么样？

生：很规矩！

师：好，我们需要一个不规矩的庄子。

生：请循其本。子曰"汝安知鱼乐"云者，既已知吾知之而问我，我知之濠上也。

师：很好！那你觉得庄子说这句话时，庄子心里是怎么想的？

生：不敢接话。

生：心虚。

生：应该很淡定。

师：是啊，老师也觉得以庄子的性格，应该很淡定、从容的。好，下面大家就用刚才的语气来朗读全文。

（生有模有样地齐读全文，读"全矣"时生击掌。）

师：其实我感觉，双方从谁说话到最后来看，胜方肯定是庄子，因为这篇文章是庄子及其弟子写的。那我们来假设一下，如果是惠子的弟子来编写这件事——

生：惠子赢！

师：那结尾该怎么写？

生：惠子怼回去。

师：怎么怼？想象一下，假如你就是惠子的弟子，请你来怼……（生七嘴八舌，铃声响）好，这个问题留给同学们在课后讨论，好不好？

生：好！

师：这节课有没有意思？

生：有——

师：好，谢谢同学们，下课！

生：谢谢老师，老师再见！

庄子《庄子与惠子游于濠梁之上》教学反思

深圳市坪山区中山中学　徐日纯

两天前，这节课刚在八年级上过。

为上一节关于审辩思维的课，我一直纠结。两天前的这节课，七年级学生应该可以学习，因这篇课文不算太深，注解也很少，还有一点辩论方面的小趣味。

教学设计再怎么精雕已不可能，因为白天工作太多。只是晚上9点多回家时，路上将前几天的课大概听了一遍，心里基本定了三个任务及环节：翻译、朗读、想象。

对文言文教学，我已经厌倦了逐字翻译。第一，得设计一个主问题，串起全文让学生自己翻译理解。第二，要让学生理解"安"字的翻译，但不能太早挑明，不然，这节课就没意思了。

从课堂阅读教学起点开始观察，我当时完全没有布置课前预习，只是让肖慧代通知学生说学一篇文言文，估计学生心里会比较虚。因此，开课问题难度不宜太大，而且问题的设置要有点趣味，指向课文理解。因此，教学起点就从标题开始，先朗读后请学生解释"濠梁"之义，进而理解标题的字面意思，然后学生自读课文，标注解释。接着从标题中提及的两个人物比较自然地引出人物简介。从人物简介中，辨认插图中庄子与惠子。由惠子的善辩论，联系到本文是写一场两位哲人在濠水桥上的辩论，这时，才开始朗读全文。之后追问辩论谁胜谁负，由此进入对课文主旨内容的理解。这一系列环节，都是指向课文内容的理解，因为如果不理解其主旨内容，后面的教学将无法进行。又因没有预习，所以上述教学进程都是"小碎步"前进，意在不要吓倒学生，以为接下来的"攀爬"做好准备。

攀爬与结课环节是重点训练学生的审辩思维。我对审辩思维的课的理解有如下三点：一是以文为据，二是敢于质疑，三是要有逻辑。下面，着重围绕这三点，谈以下几点反思。

一、以文为据

课堂上一开始，我表扬一名学生从插图里辨别出庄子、惠子，就因其能从课文找出依据。目的是让其他学生在后面的回答中都能树立这种以文为据回答问题的意识。相对来说，这方面自我感觉做得稍好些。

二、敢于质疑

为达到质疑的效果，我有意预设了这场辩论谁胜谁负的问题。我原以为，学生支持庄子或惠子的人数应该差不多，但出乎意料，学生几乎一致支持庄子胜。这让我想让学生质疑的预设基本落空。这是不了解学情的后果。无奈之下，只好在课文的意思上打转，希望学生再理解深入一点后，能提出不一样的看法。还好，到后面，终有几名学生认为是不分胜负，认为惠子说话逻辑性强，有理有据。虽达到这一目的，但课上得有点拖沓，也就是专家说的"打转课"，打转的时间还比较长。寻根究底，是自己的捕捉机会与点化问题的能力不足。比如，当开始有一名学生主动质疑时，没有继续下去，错过了一个了解学情、激发思维的良好契机，也让学生在这节课的质疑意识基本没有打开。还有一个，在学生提出如何理解庄子的回答"我知之濠上矣"时，应该是不会不知道这个翻译，而是多少不明白庄子为什么这样回答。如果这时，我能够引导学生从庄子答的地点"濠上"开始，质疑庄子是否答非所问，可能学生就会理解庄子对惠子"安知鱼之乐"时的化解策略，学生对"安"字的理解也就有一种顿悟之妙，就会有会心一笑。可惜，我一直在盘问学生为什么庄子的回答否定了惠子，如何否定，等等，就是在那里打"圈圈"。现在看到这里，自己都能感觉到听课老师心中有多厌烦了！唉！

三、要有逻辑

学生的审辩思维主要体现在：提出观点后，学生能用一连串有逻辑的话语为自己的观点辩护。这其实对学生的阅读思维训练很重要，是语文核心素养"思维的发展"培养的重要体现。在这节课中，学生多处的回答可圈可点，但我的表现实在差强人意。比如，当我问惠子在怼"我非子，固不知子矣；子固非鱼也，子之不知鱼之乐，全矣"一句时，该用怎样的语气，有的学生回答要"讲道理"。这是一个极好的回答，因为学生可能基本感觉到惠子的话说得极有道理，也极有策略。如果再追问，为什么要用讲道理的语气、怎样才是讲道理的语气读时，学生就可以有一次深入的思考与实践，就会体会到惠子这句话在全部辩论中的逻辑精妙与策略巧妙之处，最终迫使庄子拿出偷换概念的"绝招"来摆脱，这对学生也是一个很好的逻辑语言学习。

课就是这样，总让人牵肠挂肚，总让人遗憾无穷。正如于漪老师那句名言所描写的那样，"我上了一辈子课，教了一辈子语文，但还是上了一辈子深感遗憾的课。"

（2018 年 5 月 19 日）

梁启超《最苦与最乐》教学反思

深圳市坪山区博明学校　冯丽斯

根据2017年深圳市基础教育系统《区域性初中审辩思维在初中语文阅读教学中的培养策略研究》课题研究，我设计了一节议论文阅读《最苦与最乐》。

在本课的新课导入方面，我采用学生身边发生的容易理解的话题展开讨论，能在课前调动学生上课的情绪，引导学生在我的课堂中集中注意力。然后针对2017年深圳市基础教育系统《区域性初中审辩思维在初中语文阅读教学中的培养策略研究》课题研究要求的四个活动进行设计教学内容。

活动一：自我领悟

自我领悟即要求学生在初读课文后能自己提出自己的想法和见解，我设计概括文章内容，了解作者的论证思路，找出作者的中心论点和分论点三个活动，以引导学生形成自己对本文的理解。

活动二：深度质疑

深度质疑是在自我领悟的基础上产生的，当学生对这篇文章形成自己的见解后，肯定会有这样或那样的问题，老师需要做的就是引导学生提出他们对文章的质疑的问题。因此，我设计了学生可能存在的质疑何为"最苦"，何为"最乐"。

活动三：共研评价

共研评价形成了对文本的理解，解决了自己质疑的地方，就可以通过集体讨论的方式，在小组内分享自己的看法，并对别人的看法提出不一样的见解。

所以，我设计了如下问题："当责任走来时，作者认为我们应该如何对待？为什么？找出文中句子加以说明。"让同学间产生思维的碰撞，对自己及他人的思维进行分析和评估。

活动四：修正诠释

经过审、思、辩后就是总结和判断。最后设计了这一问题："作为中学生的我们应该负有怎样的责任？你从尽责中体会到快乐了吗？"

但在授课过程中也发现了自身存在很多不足，主要体现在以下几点：

（1）在导入的环节是学生感兴趣的话题，本来是可以很好地调动学生气氛的环节，但是我为了赶教学进度，没有给学生留出太多发言的机会。

（2）本节课所设计的内容过多，由于这是七年级的学生首次学习议论文，过多的内容反而会让学生顾此失彼，这节课应该是让学生明白责任意识，教育学生勇于承担责任，做一名有责任心的学生。而我过于执着讲授议论文的中心论点和论证方法，忽视了七年级学生的实际需要。

（3）学生第一次接触中心论点和分论点，虽然我有讲解中心论点和分论点的含义，但是学生还没有完全理解，导致学生学得无味，教师教得很累。虽然我设计了三个问题，一步步引导学生理解什么是中心论点，但是发现学生其实并没有完全掌握。这一环节，使课堂一度陷入冷场。

语文课堂应该以读来感悟，可是我却忽略了这一个重要的环节，一节课下来，给学生读的机会甚少，这样学生又如何能有所感悟？

（4）到了"责任"的学习，学生终于找到感觉了，可是由于时间关系，我花了太多时间在寻找中心论点上，在这一环节却没有给学生留出太多的思考时间，没有做到在语文阅读教学中的培养学生的审辩思维。

总之，整堂课，我对时间的把握不够好，没把握好速度，整堂课显得比较仓促，学生跟不上我的步伐。而且我太执着于面面俱到，议论文中的中心论点和论证方法本来是重点，更是难点，一节课完成两个重要知识点的学习，对于我校七年级的学生来说比较困难，最后发现学生对每个知识都是一知半解。通过这堂教学实践，让我更加明白一个道理：语文课堂的知识讲解不应该求多，应该根据学生的实际情况做到"一课一得"才好。

今后，我应注意课堂调控，这样才能教学节奏分明，让学生思维活跃，让学生兴味盎然。课堂调控，就课堂结构而言，要以学生为主体，以教师为主导，双边活动调控时间需有长有短，节奏做到有松有紧。除此之外，更要注意在语文阅读教学中培养学生的审辩思维，做到"一课一得"。

（2018 年 6 月 6 日）

《秋天的怀念》教学反思

深圳市坪山区教育科学研究管理中心　戴　月

2018年9月的一天，很荣幸和百年老校光祖中学七年级（6）班的同学们共同学习著名作家史铁生的作品《秋天的怀念》。

在小学六年级的时候，学生们已经学过《秋天的怀念》。小学教师一般重分析作者对母亲的情感，品味母爱是什么，重作者的情感变化等，其解读角度还是不少。各路名师中以窦桂梅老师、于永正老师的课例最为经典。对于我们初中教师而言则属于旧文新授，那么如何处理教材呢？教学内容又该如何确立呢？

结合新课标对语文阅读的要求——要培养学生广泛的阅读兴趣，扩大阅读面，增加阅读量，提倡少做题、多读书、好读书、读好书、读整本的书。

我们希望可以对区域初中语文阅读教学模式进行改革，由被动接受转变为"自主、合作、探究"。这是理念上的革新，重在建构新的教学策略。具体到这堂课，我采用审辩式教学。

学习目标

（1）朗读课文，体会作者的思想感情。

（2）揣摩文章细节之处，体会其写法。

（3）感受人情之美，丰富精神世界。

教学重难点

朗读课文，体会作者的思想感情；将学习难点确定为：揣摩文章细节之处，体会其写法；感受人情之美，丰富精神世界。

课时安排

1课时。

教学步骤

（1）自我领悟·知忆秋。

（2）深度质疑·悟忆秋。

（3）共研评价·会忆秋。

（4）修正诠释·拓忆秋。

（5）布置作业。

教学过程

导入：我说史铁生。

（一）自我领悟·知忆秋

初读忆秋之言：

完成预习及检测。

二读忆秋之人：

（1）默读、朗读课文中描写"我"的句子。

（2）形成自己对文中"我"的评价。

三读秋忆之人：

（1）默读、朗读课文中描写母亲的句子。

（2）细细品味作者对文中母亲的情感。

（二）深度质疑·悟忆秋

四读悟忆秋之意：

（1）通过研读课文，理解文中主旨句"好好活"的含义。

（2）就文章提出疑问。

（3）能用自己的语言表达出来。

（4）如果没有母亲一直默默地付出，作者是否一样可以认识到人生必须"好好活"？

（三）共研评价·会忆秋

（1）通过小组分享、全班分享，进行同学间、师生间的交流。

（2）交流过程中，注意听取别人的不同意见，并对此形成评价。

（四）修正诠释·拓忆秋

完善对"如果没有母亲一直默默地付出，作者是否一样可以认识到人生必须'好好活'"这个问题的理解，建议写下来。

_____

_____

（五）布置作业

推荐阅读：《我与地坛》。

说说这节课感触最深的地方吧。这节课感觉时间过得飞快，一种轻松与愉悦的气氛弥漫在教室里。也许是因为和孩子们在一起，那些小煤炭、小蛋糕、小蘑菇、小萝卜们……是朴实的，是好奇的；清澈的心灵都显露在脸上，那些好的、坏的、亲近的、捣蛋的……这些小可爱，我们应该如何捧在手心？做教师的自己，如何才能做到言传身教，使他们拥有更好的人生？如何才能让他们在离开校园后，还能在摒除考试，失去引以为傲的分数证明自己后，还能有一份满满的自信？课堂上，知识、能力、素养、技能，考试分数、综合素养，学生的当下与未来，我们到底应该关注什么并不遗余力地付诸实施？

传统教育与现在的教育的区别往往是二元对立的：是以教师为中心还是以学生为中心；是以教定学还是以学定教，是先教后学还是先学后教。这样的思维方式是点状思维、割裂思维、非此即彼思维、极端思维。我们的分析单位不应是以"教为中心"，也不应是以"学为中心"，而应是"教与学的互动生成"。我们应倡导的合理思维是关联思维、整体融通思维、综合渗透思维。

通过建构培养学生审辩式思维的初中语文课程，引导学生树立正确的人生观、价值观、世界观；引导学生学会理解反思，能够拥有良好的心态；学会包容，能够合理认知；学会排遣不良情绪，能够具备一定的抗挫能力，健全学生的人格。

对核心素养的要求也有四大方面：能判断，会选择；能理解，会反思；能包容，会合作；能自律，会自主。而审辩思维的主要特质就是质疑和包容。现代社会，人们容易产生压力，引导学生学会处理压力，具有一定的心理承受能力，这是教育的职责。

总体而言，流程是清晰的，一节课下来，课堂效果还是良好的。问题在于，自己对于质疑环节的设计总是心有戚戚。自己的预设是"深度质疑"，但初中生，尤其是刚进校的初中生，能产生多少有深度的质疑？即便是教师，也不一定能设计出有深度的提问，这也是在教学设计过程中的一个难点。在整体感知文章后，本该有所质疑，但是这个质疑又要有深度。本来我们区的学生整体就缺乏此种能力，因此，不太可能产生质量较高的质疑。那该如何破解这个问题呢？

我想，这个质疑就只能暂时由教师代替，视学生思维程度、习得能力逐步延长深度质疑这个步骤的活动时间。并且通过一定时间的训练，尽可能让学生产生深度质疑的能力。当然，最主要的还是靠"浸润法"。因此，对老师的解读文本、引导学生、驾驭课堂的能力上有较高要求。要求教师自身对文本有一定的敏感度，能抓住文章最核心的价值。此外，依据学生的年纪、身体和心理发育情况，深度质疑在课堂上所占用的时间该如何分配？以40分钟计算，花多长时间可以完成？那么，以此为据，在七年级就可以更少一点，以让学生对"问题"有所感觉，在潜移默化中接受这种质疑的思维，正面领会深度质疑的方法和方向。在课堂中，还有一件事让我印象深刻。说到看"菊花"，有个别男生对这个词比较敏感，在课堂上表现出不同于文本情感的兴奋。课堂上，我的第一反应是我的引导没有打动学生！但我及时反应过来，现在互联网技术发达，学生们不仅有天真无邪的一面，也会受到网络媒体的不良侵袭。他们缺乏辨别能力，容易被环境污染。因此，更需要优秀的文学作品和正面、积极健康的媒介来引导青少年的成长，促其形成正确的人生观、价值观。那么，我们的审辩课堂也正是以此为己任，教会学生做出理性判断，明辨是非，正确选择，做身心健康的社会人。

此外，通过这节课，学生听懂了多少？一节课40分钟，却感觉教学内容不多，设计的问题讲清楚了吗？学生能接受多少？这些问题也是值得自己反思的地方。

阅读教学是初中语文教学的重要环节，是语文知识和语文能力的综合体现。阅读是让人积累知识、培养能力、陶冶情操的一种有效途径。在阅读教学过程中，将阅读方法科学地传授给学生，并引导学生科学合理地运用方法学习，将科学的方法转变为自身的能力，充分发挥学生学习的自主性，这是教师不可推卸的责任，这对学生的终身发展有着深远的意义，即"授人以鱼，不如授人以渔"。

想说的还有一点，进到课堂，赫然发现，如今我们还是教师讲得太多。不是说教师不能讲，而是讲得要得法，重在"引"和"导"。而现在是满堂课都是欣赏教师的嘴巴"一张一合"，但教师的思考代替了学生的自主学习。所以，留给学生思考的时间、思维得以发展的时间还真是有点少。

那么，我们希望对初中语文教学进行改革，由被动接受而转变为"自主、合作、探究"，这是理念上的革新，重在建构新的教学策略。通过在一定程度上改造初中语文教学形式，通过转变学习方式，提升学生思维品质，均衡发展区域教育质量，为培养创新型人才打下良好基础。区域语文教学教育目标一定要从追求分数转到育人为本，转到立德树人。而落实立德树人这一根本任务，需要充分发挥课程在学校育人中的核心作用。同时，核心素养要求也有四大方面：能判断，会选择；能理解，会反思；能包容，会合作；能自律，会自主。